Abenteuer in Alaska

5 ausgewählte Erlebnisberichte aus dem
Schreibwettbewerb von alaska-info.de
und dem traveldiary.de Reiseliteratur-Verlag

traveldiary.de Reiseliteratur-Verlag
Hamburg

Jens Freyler, Hamburg
www.traveldiary.de
ISBN 3-9807655-6-3

Herstellung: Books on Demand GmbH

Inhalt

Alaskas Geschichte und Völker

Alaskas Vergangenheit ist die Geschichte der Entdeckung und Nutzbarmachung eines reichen, vielfältigen Lebensraumes. Seit Menschen zum ersten Mal dieses Land betraten, hat Alaska das Leben seiner Bewohner auf entscheidende Weise geprägt.

Wann die ersten Menschen Alaska betraten ist nicht genau festzustellen, vor 40.000 oder 15.000 Jahren. Vermutlich wanderten sie über die Beringia-Landbrücke - die Verbindung von Sibirien und Alaska - ein. Erste Siedler müssen den Karibu-Herden gefolgt sein, um den Fortbestand ihres Clans oder der Sippe zu sichern. In mehreren Einwanderungswellen müssen die aus verschiedenen ethnischen Gruppierungen stammenden Menschen nach Alaska gekommen sein (hervorragende Informationen hierzu: Beringia Interprative Center, Whitehorse).

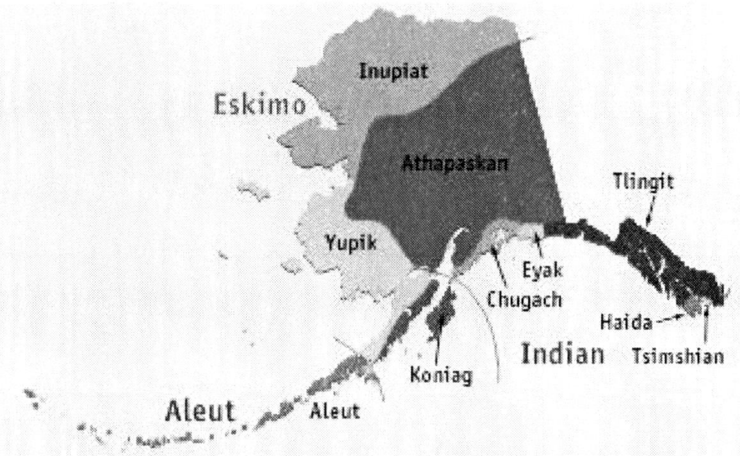

Im Laufe der Jahrhunderte entwickelten sich unterschiedliche und selbständige Kulturen, vier anthropologische Hauptgruppen wurden in Alaska seßhaft: Eskimos (Inuit), Aleuten, Athabascan und die Indianer der Südwestküste. Die Inuit verbreiten sich in den westlichen Regionen Alaskas. Die Aleuten besiedelten hauptsächlich die Inseln, die jetzt ihren Namen tragen. Die beiden großen Indianervölker, die Tlingit und Athabascan, ließen sich im Südosten und in Zentralalaska nieder.

Im Südosten Alaskas, einer Region mit üppigen Wäldern, reichen Fisch- und Jagdgründen, sowie eßbaren Pflanzen entwickelten die Tlingits eine hohe Kultur, wie Totempfähle, Zeremonie-Gewänder und kunstvolle Decken zeigen. Aber die Tlingits waren auch wilde Krieger: Als die ersten Russen versuchten, sich in Sitka niederzulassen, wurden sie trotz ihrer Gewehre und Kanonen von den Tlingit-Indianern in die Flucht geschlagen. Zwei andere kleinere Indianerstämme, die Tsimshians und Haidas, wanderten im 17. und 18. Jahrhundert von Kanada in den Südosten Alaskas. Bis heute hat sich die Kultur der Tlingit, Tsimshian und Haida erhalten.

Während sich die Stämme im milden Klima Südost-Alaskas prächtig entwickelten, waren die Athabascan-Indianer in Zentralalaska mit härteren Lebensbedingungen konfrontiert. Für sie lagen Not und Überfluß dicht beieinander. Die Athabascan, nahe verwandt mit den Navajos und Apachen, waren ausgezeichnete Jäger. Oft folgten sie den Karibu- und Elchherden über große Entfernungen, fischten Lachse und andere Flußfische. Pelze und andere Waren wurden mit den benachbarten Tlingits und Inuit gehandelt.

Nördlich und westlich der Athabascan leb(t)en die Inuit. In diesem rauhen und unfruchtbaren Land ernährten sie sich von der Jagd und vom Fischen und sammelten Beeren und Wurzeln, die während des kurzen, kalten Sommers wuchsen. Wagemutige Inuit-Jäger gingen mit kleinen, fellbezogenen Kajaks oder Umiaks auf Walfang. Die Inuit jagten ebenfalls Walrosse, Robben und Polarbären, folgten den Karibuherden und erlegten See- und Landvögel.

Die kleinste Gruppe der Alaska-Bewohner, die Aleuten, waren abgehärtete Menschen, deren Lebensgrundlage das Meer war. Nahrung, Kleidung, Wärme und Werkzeug stammten von Tieren, die im Ozean oder an der Küste lebten. Die Aleuten gelten als erstklassige Segler, die manchmal Hunderte von Meilen in mit Häuten bespannten Kanus (den Baidarkas) paddelten, um Handel zu treiben, Besuche zu machen oder mutige Angriffe auf feindliche Dörfer zu unternehmen.

Indianer

Küsten-Indianer

Die Küsten-Indianer haben zunächst wie die Athabascan im Landesinneren als nomadische Jäger gelebt. Durch den Rückzug der Gletscher nach der letzten Eiszeit, haben sie die Küstenregionen erreicht und sind dort zu seßhaften Fischern geworden.

Tsimshian-Indianer

Das einzige Indianer-Reservat Alaskas existiert in Metlakatla bei Ketchikan, es wird von den rund 1.000 Tsimshian-Indianern bevölkert, die 1887 von Prince Rupert (Kanada) hierher zogen. Sie sind auch als einziger Stamm nicht im Alaska Native Claims Settlement Act vertreten.

Haida-Indianer

Die Haisa-Indianer zogen vor 200 - 300 Jahren von Queen Charlotte Island (Kanada) nach Alaska und leben heute im Süden der Prince of Wales Island. Die ca. 800 Indianer sind damit der nördlichste Ableger ihres Stammes.

Athabascan-Indianer

Die Verwandten der Tlingits zogen nach ihre Einwanderung nach Alaska, überwiegend als Jäger im Landesinneren umher. Sie lebten in kleineren, nomadisierenden Gruppen ohne strengere Sozialkultur an Flußufern und ernährten sich neben der Jagd auch vom Fischfang. Allenfalls im Winter suchte man einen ortsfesten Lagerplatz auf, der nie aus mehr als sechs zeltähnlichen Behausungen bestand.

Um die mühevolle Wanderung im Winter zu erleichtern, entwickelten die Athabascan aus Birkenhölzern sehr effiziente Schneeschuhe und als Transportmittel benutzten sie den Hundeschlitten. Die Fähigkeit des Hundeschlittenführens gaben sie auch an die weißen Neuankömmlinge, mit denen sie regen Handel trieben, weiter.

Auch die Athabascan gaben zu verschiedenen Anlässen wie Geburten, Totenfeiern oder Namensverleihungen Potlachs (s. Tlingits). Im Laufe der Jahrtausende haben sich allein in Alaska 11 verschiedene athabaskanische Sprachen entwikkelt.

Tlingit-Indianer

Die Tlingit-Indianer, mit den Athabascans verwandt, sind die traditionellen Bewohner des Südostens von Alaska. Das milde Klima und die unglaublichen Naturschätze (Lebensmittel, Pelze und Brennstoffe) ermöglichten den Tlingits ein ausgeklügeltes und komplexes Gesellschaftssystem, eine eigene Religion und eine selbständige künstlerische Tradition zu schaffen. Da die Tlingits sehr gute Seefahrer waren, konnten sie bis zu 1.500 km in den Nordwesten reisen und mit den dortigen Einwohnern Handel treiben.

Sie lebten in großen Gemeinschaftshäusern, die Platz für 50 bis 100 Menschen boten. Die Pfosten der Häuser waren mit Totemsymbolen der Clans verziert. Mehrere solcher Häuser bildeten ein Dort und eine bestimmte Anzahl dieser einen Stamm.

Die einzelnen Haushalte hatten ihre eigenen Wirtschaftsgüter wie Bekleidung, Waffen und selbstgefertigte Gegenstände. Ritualgegenstände gehörten dem ganzen Clan. In dem matriarchaischen Sozialsystem wurden diese religiösen Gegenstände vor allem von den omnipotenten Schamanen benutzt, die das gesamte Stammesleben kontrollierten. Das Glaubenssystem der Tlingits beruht auf der Annahme, daß jedes Ding und jedes Wesen beseelt ist. Dieser Glaube verlangte auch genaue Riten beider Jagd und beim Töten von Tieren.

In der Sozialordnung der Tlingits richtete sich das Ansehen Einzelner nach ihrem Reichtum. Um diesen zu demonstrieren, wurden die einstmals aus religiösen Motiven veranstalteten Potlachs gefeiert, große Familienfeste, bei denen die Gäste im Übermaß bewirtet und beschenkt werden. Jedoch waren die Beschenkten automatisch aufgefordert ihrerseits ein noch größeres Potlach zu feiern. Die amerikanische Regierung hat im 20. Jahrhundert vorübergehend diesen aggressiven Ritus des Gebens verboten, da er Teile von Familien, gar von ganzen Sippen ruinierte.

Im Gegensatz zu den eher sanftmütigen Aleuten waren die Tlingit nicht so leicht zu besiegen. Sie ließen sich nie ganz aus ihren ehemaligen Gebieten vertreiben.

Alteuten

Infolge der harten Witterungsverhältnisse an den Küsten zur Beringsee (heftige Stürme, Regen, dichter Nebel und häufige Erdbeben), waren die Bewohner dieser Regionen zu einem hohen Anpassungsvermögen gezwungen - sonst wären sie in dieser lebensfeindlichen Natur untergegangen.

Der Fischfang war die einzigste Lebensgrundlage dieser Menschen, da sie in den kargen und regenreichen Küstenregionen weder jagen noch Pflanzen oder Früchte sammeln konnten. Zur Jagd auf Wale, Seehunde oder Otter fuhr man mit doppelsitzigen Kajaks auf das Meer hinaus.

Man jagte mit Harpunen, Speeren, Haken und Netzen. Beim Walfang wurden die Spitzen der Harpunen zusätzlich mit Gift benetzt. Wenn ein Wal gesichtet wurde, ist er mit mehreren Booten umzingelt und harpuniert worden. Hatte man Glück, wurde das gelähmte Tier an Land getrieben, wenn nicht, mußte man den Wal mit Luftblasen über Wasser halten und an Land ziehen. Dort wurde er dann fachmännisch zerlegt.

Das Fleisch der Fische und Meeressäuger wurde meist roh, manchmal auch gedünstet gegessen. Die Häute der Tiere wurden zu Kleidungsstücken verarbeitet oder dienten zur Bespannung von Kajaks und Dächern. Aus den Innereien der Walrosse und Seelöwen gewann man wasserdichtes Material, das für Parkas und Boote benutzt werden konnte.

Die Gesellschaft der Aleuter war in drei Klassen unterteilt. Die niederen Klassen waren das gemeine Volk und Sklaven (die nicht selten zu Ehren verstorbener Adliger getötet wurden), die obere Klasse war der Adel, der aus angesehenen Walfängern bestand.

Man lebte wegen des fehlenden Baumholzers in einfachen Erdbehausungen, die oft eine erstaunliche Größe aufwiesen, so daß mehrere Familien (bis zu 100 Menschen) sich in ihnen aufhalten konnten. Neben diesen Familienhäusern wurden auch Langhäuser für winterliche Treffen der Männer und Jünglinge gebaut.

In den letzten 250 Jahren wurden die Aleuten beinahe ausgerottet. Die Russen ermordeten oder versklavten sie zur Seeotterjagd, sie mußten für Russland in den Krieg ziehen oder starben an den eingeschleppten Krankheiten. Während des zweiten Weltkriegs fielen unzählige auf den Aleuten oder in der Gefangenschaft der Japaner. Auch durch die Amerikaner wurde die Zahl der Aleuten merklich verringert, als man die evakuierten Aleuter in erbärmlichen und katastrophalen Lagern unterbrachte.

Heute sind nur noch wenige „Vollblut-Aleuten“, doch trotz dieser Tatsache und der existierenden sozialen Probleme, haben die Aleuten vielmehr als die anderen Ureinwohnergruppen ihre Identität wiederentdeckt.

Inuit

Die Eskimos selbst nennen sich Inuit, was der Plural von „inuik“ (Mensch) ist und soviel wie Volk bedeutet. Die abgewandelte Form des Wortes „askimowew“ (Rohfleischfresser) im französisch-kanadischen Sprachraum war „Esquimau“, aus dem sich der Name Eskimo ableitet, der aber von den Inuit schon immer abgelehnt wurde.

Die Inuit lassen sich in zwei Sprachdialekte unterteilen: Yupik, das an der Beringküste und das Inupiat, welches entland der arktischen Küste gesprochen wird. Zwischen beiden ist eine Verständigung unmöglich. Auch die Inuit sind vor ca. 13.000 - 8.000 Jahren von Sibirien über die Beringia nach Alaska eingewandert. Ob sich die Inuitkultur jedoch in Sibirien oder in Alaska entwickelt hat, darüber streiten noch die Experten. Fest steht, daß sie einst den kompletten Norden Kanadas, Alaskas und die West- und Ostküste Grönlands besiedelten.

Sie ließen sich vorwiegend an der Küste nieder, weil das Meer ihr Hauptnahrungslieferant war (Robben, Seehunde, Walrosse, Wale und Fische). Als ständige Unterkunft diente nicht das bekannte Iglu. Es wurde wahrscheinlich nur vorübergehend als Schutzbehausung errichtet und von den Inuit um sich herum aus ausgeschnittenen, verharschten Schneeblöcken gebaut. Es hatte meistens einen Durchmesser von 2 - 5 Metern und durch die im Innern entstehende Wärme eine geringe Lebensdauer. Die festen Winter- und Sommerbehausungen wurden aus verschiedenen Materialien wie Treibholz, Walknochen, Weiden oder Rentie rfellen gefertigt.

Bewohnt wurden die Behausungen von den Inuitfamilien, die die wichtigste Kerngruppe der Sippen- bzw. Stammesgemeinschaft darstellten. Selten übernahm jemand den Part des Anführers oder Häuptlings, da der Gemeinschaftssinn sehr ausgeprägt war. In der sehr menschenfeindlichen Umgebung war jedes Individuum mit verantwortlich für das Überleben der gesamten Sippe. Konsequenterweise gab es auch kaum eine Trennung zwischen Privat- und Gemeinschaftseigentum, fast alles wurde geteilt (auch die Frauen). Das Recht existierte nur als Recht für die Gemeinschaft, also kein Privatrecht. Diese hohe Selbstverantwortung gegenüber der Stammesgruppe erklärt auch die für uns heute brutal erscheinden Handlungen wie das Töten von kranken oder behinderten Kindern und das Zurücklassen von Alten auf eigenen Wunsch (Suizid) oder unter Zwang (Mord).

Die Nahrungsbeschaffung war von zentraler Wichtigkeit und bedeutete für die Inuitmänner, daß ihr Status fast nur von der erfolgreichen Jagd abhing. Neben der Jagd auf Karibus im Landesinneren, die den Inuit die Felle für ihre Kleidung und Boote und das Horn für Werkzeuge und Waffen lieferten, war die Seerobenjagd von lebenswichtiger Bedeutung, da die Robben die kälteabweisenden Pelze und Felle gaben. Gejagt wurden auch Walrosse und Wale, die Jagd auf letztere stellte ein großes Unternehmen dar, welches die ganze Gruppe beschäftigte (s. Aleuten). Die Tiere wurden zur Nahrung und zum Häuserbau verwendet.

Da die Jagd den Männern vorbehalten war, kümmerten sich die Frauen um die Zubereitung und Konservierung der Beute. Großes Geschick bewiesen die Inuitfrauen im Flechten von Körben und im Nähen. Dabei verzierten sie ihre Kleidungsstücke mit teilweise komplizierten Mustern. Auch Waffen und Haushaltsgeräte wurden kunstvoll verziert, wenn sie auch nicht den feinen Kunststil der Tlingits erreichten. Erwähnenswert sind auch die sehr ästhetischen Masken, die bei rituellen Feiern oder als Totenmasken verwendet wurden.

Neben diesen Masken benutzten die Inuit Musik und den Tanz, um ihre Geister und Gespenster zu beschwören. Sie glaubten nur mit der Anrufung übernatürlicher Helfer die Härte ihrer Existenz überstehen zu können. In den rituellen Zeremoinen steckte aber auch die Absicht, etwas Abwechslung in die Eintönigkeit der langen Wintermonate zu bringen.

Der westliche Lebensstil, durch die Europäer nach Alaska gebracht, hat auch die Lebensart der Inuit spürbar verändert. Der Alkohol hatte eine verheerende Wirkung auf die Sozialstruktur der Inuits, da sie ihre Frauen zur Prostitution zwangen oder als Sklaven verkauften.

Auch der immer mehr geübte Umgang mit Feuerwaffen lies die Bevölkerungszahl der Inuit sinken, da sie sich in alkoholisiertem Zustand selbst umbrachten. Die Amerikaner verkauften ihnen sogar gegen die lebenswichtigen Walfangschiffe und Kajaks Alkohol. Heute verdienen sich manche Inuit ihr Einkommen wieder mit der Rentierzucht oder sie besinnen sich auf ihre Fähigkeit, Kunsthandwerk herzustellen, welches sie an Touristen verkaufen.

Foto: Wolf Haertel
(aus dem über uns veröffentlichten Buch „Wüstensonne und Nordlichter“)

Ein neuer Anfang am Ende der Zeit

Es war Ende Oktober, als Tom mich auf dem Flughafen in Anchorage empfing. Obwohl man mir versicherte, dass er einer der erfahrensten Buschpiloten Alaskas sei, pochte mein Herz wie wild. Ich bin seit meiner Geburt gehörlos. Seit achtzehn Jahren lebe ich in meiner eigenen stillen Welt, doch ich habe mich damit abgefunden, nie den Schrei eines Seeadlers, das Knacken eines Zweiges oder den rauschenden Wind hören zu können. Tom begleitete mich mit einem aufmunternden Lächeln zu seiner leuchtend gelben Cessna, die uns zu einer entlegenen Siedlung an der Westküste Alaskas bringen sollte.

Der Himmel über uns erstrahlte in einem überwältigenden Blau, doch im Nordwesten türmten sich bereits dunkle Wolken zu einem Unwetter zusammen. Ich wollte ihn fragen, ob es nicht gefährlich sei, bei diesem Wetter zu starten, aber die schreckliche Angst vor meiner eigenen Stimme loderte ungebrochen in mir. Ich bildete mir ein, dass er sich über mich lustig machen würde, wenn er die befremdlichen Laute aus meinem Mund hören würde und blieb stumm. Es jetzt zu wagen, dazu fehlte mir der Mut. Ich tat so, als wäre alles in Ordnung, doch er durchschaute mich, legte mir lächelnd eine Hand auf die Schulter und sagte: "Der Wind wird abflauen. Es ist ideales Flugwetter. Vertraue mir!" Er sprach so klar und deutlich, dass ich jedes Wort verstand, und trotzdem verspürte ich ein Grummeln in der Magengegend, als ich in den Sitz gepresst wurde und das Flugzeug abhob. Es war ein verrücktes Gefühl, aber ich fühlte mich so wohl wie schon seit Ewigkeiten nicht mehr.

Ich schaute über die vibrierende Tragfläche hinweg auf die verschneiten Berge. Es schien so, als würde die Gipfel unter der Mittagssonne dösen. Ich schnappte nach Luft. Etwas so Unglaubliches hatte ich noch nie in meinem Leben gesehen. Die harten Konturen verloren mehr und mehr an Schärfe, und je höher wir stiegen, desto friedvoller wirkte das Land unter uns. Tom steuerte direkt auf den Mount McKinley zu, flog dann einen weiten Bogen Richtung Küste. Die Cessna kreiste gerade über den Stony River, als Tom mit ausgestrecktem Arm auf eine endlose Reihe von schwarzen Punkten deutete, eine Karibou-Herde! Wie auf eine Schnur gezogen, bewegten sie sich über den weißen Schnee. Tom warf einen raschen Blick über die Schulter zu mir. Ich streckte den Daumen in die Höhe und war einfach nur glücklich. Der Wind flaute tatsächlich etwas ab. Nach zwei endlos erscheinenden Stunden drehte Tom zur Landung ab und wenig später setzten wir in der Bucht vor dem Camp auf.

***

Tom führte mich zur Blockhütte seines Vaters, wo ich während meines Urlaubs wohnen sollte. Mein Herz schlug mir bis zum Hals, als ich an der Tür klopfte. Ich wartete eine Weile und klopfte ein zweites Mal. Plötzlich sprang die Tür auf und er stand leibhaftig vor mir. Ich sah in sein Gesicht und stöhnte innerlich auf. Für mich gab es nichts Schlimmeres als einen buschigen Vollbart, der die Lippen vollständig bedeckte.

Toms Vater trug einen gammligen Lederhut, ein kariertes Holzfällerhemd und eine blaue, ausgeblichene Latzhose. Sein Gesicht war zerfurcht wie die Bergflanken der Rocky Mountains. Trotz seines mürrischen Wesens waren seine Augen freundlich und strahlten ein unbeschreibliche Ruhe aus. Er gehörte zu jenen Männern, die mit diesem eisigen Land verwurzelt und es gewohnt waren, monatelang auf sich allein gestellt zu sein. Er schien seinen Platz in dieser Welt gefunden zu haben.

Er trat ein Stück beiseite und bat mich mit einer stummen Geste herein. Es war auf den ersten Blick eine trübselige Hütte mit einem schmalen Fenster und einer schiefen Tür, die sich nur mit großer Mühe öffnen ließ. An der rechten Seite war nachträglich ein quadratischer Raum aus Zedernholz angebaut worden. Das undichte Dach hatte er notdürftig mit Teerpappe geflickt. Die Einrichtung war genauso bescheiden wie die Hütte selbst: Ein grob gezimmerter Tisch mit zwei Stühlen, ein rostiges Bettgestell mit einer dünnen Matratze und ein alter Herd. Der Eingang zum Anbau war so niedrig, dass man sich ducken musste, um hineinzukommen. Toms Vater zündete die Petroleumlampe an, zog mich am Arm zum Fenster und deutete auf ein winziges Holzhäuschen mit einem Herz mitten auf der Tür. Ich schluckte und malte mir mit Schrecken aus, einen ganzen Monat lang auf engstem Raum mit einem mürrischen Zeitgenossen zu verbringen und bei einer durchschnittlichen Temperatur von minus zwanzig Grad das stille Örtchen aufzusuchen. Mitten in meine Gedanken hinein tauchte Tom in der Hütte auf. Als er mein entsetztes Gesicht sah, verzog sich sein Gesicht zu einem frechen Grinsen.

"Hat er dir schon gezeigt, wo die Toilette ist?" Ich nickte, und wahrscheinlich konnte er mein Entsetzen von den Augen ablesen. Dann führte er mich zur Tür hinaus und deutete auf eine fast doppelt so große Hütte, die nur ein paar Schritte entfernt zwischen einer Gruppe von Zedern stand. "Entschuldige, Anna, aber diesen Spaß müssen all unsere Gäste über sich ergehen lassen!"

***

Am nächsten Morgen legte Tom den Hunden das Zuggeschirr an und spannte sie vor den Schlitten. Eingemummt wie ein Eskimo stapfte ich auf Laila zu. Sie war ein wunderschönes Tier mit weichem, schneeweißen Fell und eisblauen Augen. Jedes Mal, wenn Tom etwas in ihrer Nähe sagte, neigte Laila ihren Kopf leicht zur Seite, als verstünde sie, wovon er sprach. Tom hatte zwei starke, erfahrene Rüden als Führungshunde und zwei intelligente Hündinnen als Leader gewählt. Laila war eine von ihnen. Als er mich bemerkte, deutete er mit einer weit ausholenden Armbewegung über das verschneite Land. "Das alles hier", sagte er in einem ehrfürchtigen Tonfall, "bedeutet mir mehr, als die Zivilisation mir je geben kann." Ich verstand nur zu gut, was er damit sagen wollte.

Dann nahm er den Anker aus dem Eis, löste die Bremse und rief den Huskys ein kurzes "Heya" zu. Zunächst stürmten sie ungestüm nach vorn, doch nach ein paar Meter liefen sie bereits im Einklang mit sich und dem vereisten Pfad, der uns aus der Siedlung in die endlose Weite hinausführte. Wir fuhren zwei volle Stunden über die baumlose Ebene hinweg. Ich entdeckte Marder- und Schneehasenspuren, die über die verschneite Ebene ins Nichts führten. Es kam mir so vor, als würde dieses Land für immer unberührt bleiben. Nur die rotgefärbten Kranichbeeren, die sich wie winzige Farbtupfer an die eisige Oberfläche drängten, unterbrachen die eisige Decke des Winters.

Ich sah an Toms Lippen, dass er einen kurzen Pfiff ausstieß, um die Huskys voranzutreiben. Es machte mich für kurze Zeit traurig, dass ich seine Stimme nie hören würde. Doch dann entsann ich mich an einen Nachmittag, als ich mit meiner Mutter über die glitschigen Felsen zu dem kleinen Wasserfall kletterte, von wo aus wir die Adler bei der Fütterung ihrer Jungen beobachten konnten. Sie hatte mich gebeten, die Hände auf den feuchten Sand zu legen. Im ersten Moment hatte ich sie verwundert angesehen, doch dann spürte ich plötzlich, wie das hinabfallende Wasser die Erde erzittern ließ. Die Kraft des Wassers verblüffte mich zutiefst; es war ein Kribbeln, das sich durch meinen kleinen Körper zog und die Geräusche ersetzte. Ich schloss die Augen, so fest ich konnte und konzentrierte mich, und dann schien es so, als könnte ich sogar das Geräusch des fließenden Wassers hören. Es war ein berauschender Moment, den mir niemand mehr nehmen konnte. Es musste also etwas geben, irgendwo jenseits der Stille.

Die Ebene lag hinter uns. Jetzt schlängelte sich der gewundene Trail zwischen den hohen Tannen hindurch. Die Zeit schien in diesem Tal stillzustehen. Nur dann und wann wischte eine Windböe den feinen Schnee von den Ästen. Die glitzernden Flocken wehten wie ein seidener Schleier durch die kristallklare Luft. Der Schlitten glitt lautlos dahin. Meile für Meile schnitten die Kufen eine einsame Spur in den Neuschnee. Die Wälder an den Seiten schienen nicht enden zu wollen. Das Gespann wurde langsam unruhiger. Kiko, die in der zweiten Reihe lief, brach zur Seite aus, worauf Laila das Tempo erhöhte und den Störenfried wieder zur Ordnung rief.

Der Wind nahm zu und trieb den feinen Pulverschnee über das gefrorene Land. Eiskristalle glänzten im Sonnenlicht. Obwohl ich eine Brille trug, war der Schnee immer noch unglaublich hell. Meine Augen waren nur noch schmale Schlitze, doch was sie sahen, war überwältigend. Nur die weißen Atemwölkchen von uns und den hechelnden Hunden stiegen auf und verflüchtigten sich in der eisigen Luft. Ich bin erst einen Tag hier und kann mich kaum noch an mein früheres Leben erinnern.

Tom steuerte den Schlitten gekonnt auf eine Lichtung. Von schroffen Felswänden gesäumt fingen sich hier die letzten Sonnenstrahlen, und für Augenblicke schien es so, als hätte sich hier alles Licht dieser Welt gebündelt. Dieser Ort ließ mich nicht mehr los. Plötzlich sah ich einen kreisenden Schatten über dem Schnee. Ich blickte erschrocken zum Himmel und bemerkte einen Weißkopfseeadler, der über mir seine Runden drehte. Er schwebte so nah über mich hinweg, als hätte er die instinktive Angst vor den Menschen verloren. Das Tier nutzte geschickt die aufsteigende Thermik und stieg wie an einer Schnur gezogen dem Himmel entgegen. Dann steuerte er im Gleitflug unter einem Felsplateau hindurch und ließ sich in der Astgabel eines abgestorbenen Baumes nieder. Wie ein Gemälde setzte sich die Silhouette des Tieres gegen das Königsblau des Himmels ab. Ich fühlte mich auf eine sonderbare Weise mit dem Adler verbunden. Ich liebte diesen anmutigen Vogel nicht nur wegen seiner majestätischen Erscheinung, sondern weil er nahezu lautlos durch die Lüfte schwebte. Es existierte kein Geräusch, das ich nicht zuordnen konnte, nichts, was für immer im Verborgenen bleiben würde. In den wachsamen Augen des Tieres musste ich als winziger, bewegungsloser Punkt erscheinen, aber ich war überzeugt, dass der Adler mich bereits fest im Visier hatte. Ich stellte mir vor, auf den Schwingen des Adlers über das Land zu schweben und war so ergriffen von diesem Anblick, dass ich für einige Momente sogar vergaß, wie sehr ich trotz Anorak, Thermohose und gefütterten Stiefeln fror.

Die goldenschimmernde Sonne war bereits zur Hälfte hinter den Bergen verschwunden, als wir uns auf den Rückweg machten. Im graublauen Schatten spürte ich mit einem Mal diese unglaubliche Kälte, die töten konnte. In der Zwischenzeit war die Temperatur auf Minus 20 Grad gefallen, und mit jedem Atemzug fraß sich die Kälte in jede Faser meines Körpers. Trotzdem wollte ich keine Sekunde dieses Tages missen.

***

Die Dämmerung brach immer früher herein. Bereits am späten Nachmittag brannten in den Häusern die Lichter, und aus den Schornsteinen stiegen blaugraue Rauchfahnen in den verblassenden Winterhimmel.

Nach der Rückkehr schirrte Tom die Hunde aus und gab ihnen etwas zu Fressen. Die Huskys stürzten sich auf das Futter, einem Gemisch aus Fleisch, Lachs und Robbenöl und verschlangen es hastig. Danach tobten sie voller Übermut durch den Schnee und tollten ausgelassen umher.

Meine Euphorie kannte keine Grenzen, doch sie wich einer gewissen Ernüchterung, als ich die festgefrorenen Hundehaufen vom Eis trennen und mit der Schubkarre zu dem Sammelplatz am Waldrand karren musste. Ich mochte mir kaum vorstellen, dass man diese Arbeit auch im Sommer erledigen müsste. Als wir später beim Abendessen saßen, wollte ich meinen Augen nicht trauen. Toms Vater hatte seinen Bart so weit zurückgestutzt, dass ich hinter den grauen Stoppeln deutlich seine raue, tiefbraune Haut erkennen konnte.

***

Im Laufe des Abends erzählte mir Tom von dem Mondlicht, das sich wie flüssiges Silber über das Land legte, und von den flackernden Seelen, wie die Indianer das Nordlicht bezeichneten. Tom versuchte, mir jede Einzelheit des Winters zu beschreiben. "Es gibt Geräusche, die so laut und klar sind, dass sie alles andere übertönen. Andere Geräusche dagegen sind kaum wahrnehmbar. Man muss schon genau hinhören, wenn man sie von anderen unterscheiden will." Ich sah ihn fragend an, dann fuhr er fort.

"Es ist der fallende Schnee, das Knarzen der Bäume oder das leichte Rauschen des Windes. Oder das Aneinanderreiben der Hände und das Knistern des Feuers, wenn die Funken sprühen." Ich nickte, obwohl ich mir nichts darunter vorstellen konnte.

"Dies hier ist nicht das Ende der Welt", sagte er mit übertriebenen Lippenbewegungen. "Es ist ein neuer Anfang am Ende der Zeit." Dann fügte er hinzu: "Kannst du dir einen schöneren Ort vorstellen, um sein altes Leben hinter sich zu lassen?" Ich dachte nicht eine Sekunde darüber nach und im Stillen wünschte ich mir sogar, für immer hierbleiben zu können.

Nach dem Essen erzählte Toms Vater von zwei Städtern, die sich ohne Vorkenntnisse in die Wildnis gewagt hatten. Ich achtete für einen Moment nicht auf seine Lippen und konnte der Unterhaltung nicht mehr folgen. Und prompt wandte er sich direkt an mich.

"Was hältst du davon, Anna?" Das hatte ich jetzt davon. Während ich noch überlegte, wie ich mich am bestens aus dieser misslichen Lage befreien könnte, kam mir Tom unfreiwillig zur Hilfe. "Sie würde es auch nicht tun! Darauf wette ich!"

Ich schüttelte bestätigend den Kopf, in der Hoffnung, mich auf Toms Meinung verlassen zu können. Erst später erfuhr ich, dass die beiden von einem Schneesturm überrascht wurden und Tom gefragt hatte, ob ich mein Leben riskieren würde, um die beiden zu retten.

***

Eine Stunde vor Mitternacht zog mich Tom aus der Hütte und führte mich zu einer Anhöhe am Rande der Siedlung. Er brauchte nichts zu sagen, denn was sich vor meinen Augen abspielte, war unglaublich. Die Nordlichter flackern in bunten, ineinander verwobenen Schleiern. Ein wabernder Teppich aus buntem Licht zog sich durch den winterlichen Sternenhimmel. Das gesamte nördliche Himmelsgewölbe war hell erleuchtet, und das Firmament schien von einem flureszierenden Seidentuch eingehüllt zu sein. Erst im Zwielicht des Morgens verschwand der flackernde Schein über den Bergen. An diesem Abend, als wir das Nordlicht bewunderten, spürte ich so deutlich wie nie zuvor, dass sich mein Leben durch Tom verändern würde. Ich wusste, dass ich jemandem begegnet war, der mich ernst nahm, und bei der kleinsten Berührung fing ich innerlich an zu glühen. Es war ein unbeschreibliches Gefühl, das wie eine Welle über mich schwappte und von mir Besitz ergriff.

***

Noch heute, viele Jahre später, sehe ich die Lichtung zwischen zwei bewaldeten Bergen, die sich damals völlig unerwartet vor meinen Augen öffnete. Auch in dieser Nacht werde ich von einem Traum begleitet, der mich zum vergangenen Sommer zurückführt. Ich laufe über grünes, frisches Gras und durch Tausende von gelben Blüten. In der Mitte der Lichtung steht immer noch der abgestorbene Baum, auf dem sich ein stolzen Adler niederlässt und über mich wacht. Ich habe wieder das Gefühl, dass dies mein Zuhause ist.

Michael Romahn hat darüber hinaus veröffentlicht:

Am Ufer der Großen Seen
ISBN 3426621916

Foto: Inge Cieslak

Im Land des Denali

Mittwoch, 13.9. - Übernahme des Wohnmobils bei 40.807 Meilen -
- gefahrene Meilen = 25 (40 km) -

Gegen 9.00 Uhr treffen wir mit dem Zug am Düsseldorfer Flughafen ein. Wir haben gestern Abend schon unsere Koffer im Late-Night-Check-in aufgegeben, so dass wir heute nur noch mit dem Handgepäck anreisen müssen. Im Warteraum passiert dann das, was wir auf unseren Flügen bisher eigentlich ganz selten erlebt haben, nämlich, dass das mitgeführte Handgepäck gewogen wird. Die Mitarbeiterin der LTU pickt sich zielsicher hauptsächlich diejenigen heraus, die einen Trolly mit sich führen oder bei denen das Gepäckstück schon von weitem so aussieht, als ob es die Gewichtsgrenze von 8 kg überschreitet. Wir sind bei den Ausnahmen, deren Handgepäck nicht kontrolliert wird. Um 10.25 Uhr hebt die Boeing 767-300 endlich vom Düsseldorfer Flughafen ab. Zu unserem allergrößten Erstaunen ist die Maschine noch nicht einmal halb besetzt! Lediglich 60 Passagiere fliegen nach Anchorage. Werden wir dann in Alaska überhaupt noch auf Touristen treffen? Auf welches Abenteuer haben wir uns denn diesmal eingelassen? Und warum hat man uns bei unserer Buchung geraten, gleich einen Sitzplatz zu reservieren? Wir können doch jetzt bequem jeder eine ganze Reihe belegen! Fragen über Fragen. Die Stewardess erzählt uns (soviel Zeit für ein Gespräch mit den Passagieren haben sie wahrscheinlich noch nie gehabt), dass heute nur 60 Passagiere mitfliegen, es aber auf unserem Rückflug mit Sicherheit voller werden wird, da es ja der letzte Rückflug der LTU für dieses Jahr ist. Der letzte Rückflug ist auch der Grund dafür, dass die heutige Besatzung eine komplette Woche in Alaska bleiben wird. Auf diese Art und Weise werden sie endlich auch einmal in dem Genuß kommen, sich das Land etwas näher anzusehen.

Der Flug soll 8 Stunden 50 Minuten dauern und wird über England, Schottland, Shetland-Inseln, Island, Nordgrönland nach Alaska gehen. Wir haben keine Sicht wegen dicker Bewölkung, die uns auch noch längere Zeit begleiten wird. Gegen 13 Uhr wird uns dann das Mittagessen serviert und damit die aufgekommene Langeweile ein wenig unterbrochen. Über Bordlautsprecher meldet sich der Kapitän und teilt den Passagieren mit, welches Wetter uns in Anchorage erwarten wird: leichtes Schauerwetter und 12 Grad. Das sind ja auch keine allzu rosigen Aussichten. Als wir Island erreichen, haben wir immer noch nicht die geringste Chance, einen Blick auf dieses Land zu werfen. Erst über Nordgrönland wird es dann auf einmal sonnig, und wir bewundern Berge, Eis und Schnee aus der

Vogelperspektive. Gegen 17 Uhr überfliegen wir Nordkanada und landen um 9.40 Uhr Alaska-Time wohlbehalten in Anchorage. Die Einreise- und Zollformalitäten lassen wir schnell und problemlos hinter uns, die Gepäckausgabe geht aufgrund der wenigen Passagiere auch zügig vonstatten. Dann kaufen wir uns noch eine Telefonkarte für 10 Dollar, um nach Hause telefonieren zu können. Die äußerst freundliche, deutsch sprechende Dame hinter dem Infoschalter greift auf meine Frage, wie wir am besten zu unserer Vermietstation kommen, sofort zum Telefonhörer, und 10 Minuten später werden wir mit unserem Gepäck von einem Mitarbeiter der Wohnmobilvermietung abgeholt. Wir sind offensichtlichen die Einzigen, die dort heute ein Wohnmobil abholen.

Nach kurzer Fahrzeit erreichen wir die Station, deren Besitzerin eine Deutsche ist, was die Übergabeformalitäten natürlich vereinfacht. Als wir unsere "Unterkunft auf Rädern" für die nächsten 14 Tage sehen, trifft uns fast der Schlag: Das ist ja ein kleines Haus, und dabei haben wir schon den kleinsten Camper gebucht. Für amerikanische Verhältnisse scheint das Ungetüm allerdings "very small" zu sein. Die Einweisung durch einen Englisch sprechenden Mitarbeiter ist äußerst ausführlich, gut verständlich und dauert ungefähr 1 1/2 Stunden. Dann überlässt er uns unserem Schicksal. Uns ist ziemlich mulmig zumute, wenn wir daran denken, dass wir mit diesem Ungetüm nun quer durch Anchorage müssen. Horst ist inzwischen von einer bleiernen Müdigkeit überfallen worden. Er will erst mal ein paar Runden an der frischen Luft drehen, während ich die Zeit nutze, um uns im Wohnmobil häuslich einzurichten. Bei seiner Rückkehr habe ich schon alles in die Schränke geräumt (der Stauraum ist gewaltig), meine beiden Pakete mit dem glutenfreien Brot in das riesengroße separate Tiefkühlfach gestapelt, das Alkovenbett ist bezogen und gegen 14 Uhr stürzen wir uns dann zunächst im Schritt-Tempo in den Großstadtverkehr von Anchorage - was besser geht, als wir gedacht hatten. Den von der Vermieterin in einer Skizze eingezeichneten Supermarkt finden wir allerdings gar nicht, da wir uns nach unserem Stadtplan restlos verfahren haben. Ich bin eigentlich eine gute Kartenleserin, aber mit diesem Plan stimmt irgend etwas nicht. Die Straßen verlaufen teilweise nicht so, wie sie eingezeichnet sind und heißen hinter der nächsten Kurve dann manchmal auch noch anders. Lediglich die nördliche Richtung stimmt zunächst einmal. Wir steuern den erstbesten Supermarkt an und machen einen Großeinkauf. Die Preise hier oben sind gewaltig! Da kostet beispielsweise ein Paket Kaffee über 10 Euro, ein 100g Paket Käse in Scheiben 4,-- Euro usw. Und was die Fischpreise angeht (die Alaskaner sitzen ja hier direkt an der Quelle), da wird es einem schier schwindelig. Die wollen für ein kleines Stück geräucherten Lachs fast 15 Euro haben! Als wir mit dem Einkaufswagen und den zahlreichen mit Lebensmitteln vollgepackten Plastiktüten nach draußen kommen, ist unser Wohnmobil weg! Es dauert einige Sekunden, bis wir registriert haben, dass wir einen anderen Ausgang genommen haben und unser Parkplatz auf der anderen Seite liegt - reicht aber, um das Adrenalin erst mal in schwindelerregende Höhen zu treiben. Aber mittlerweile fordert der Jetlag seinen Tribut und es wird Zeit, dass wir schleunigst einen Campground ansteuern und ein paar Stunden schlafen. Schließlich gehen wir in Deutschland ja auch nicht nachts um 4 Uhr einkaufen (so spät ist es mittlerweile zuhause). Ich bin inzwischen unfähig, überhaupt noch klar zu denken. Glücklicherweise sind wir gleich nach der ersten Ampelkreuzung auf dem aus der Stadt herausführenden Glenn-Highway in Richtung Norden. Wir steuern den ersten Campground an, der in der Nähe der Militärbasis Elmendorf liegt. Dort fliegen fast pausenlos lärmende Düsenflugzeuge durch die Gegend, so dass wir hier heute bestimmt kein Auge zutun werden. Und dann wollen sie auch noch 29 Dollar für den Platz haben! Horst fühlt sich noch fit genug, um noch 10 Meilen weiterzufahren, bis wir den idyllisch im Wald und an einem Fluss gelegenen, staatlichen Campground Eagle River erreichen, der 15 Dollar Gebühr kostet. Wir sind mittlerweile so müde, dass wir zwar die drei Elche am Campgroundeingang wahrnehmen, aber überhaupt nicht mehr auf die Idee kommen, sie zu fotografieren oder zu filmen. Wir fallen in unsere Betten und schlafen bei himmlischer Ruhe mitten im Wald von einer Minute zur anderen ein. Nachts höre ich einige Male, dass unsere Heizung anspringt.

Donnerstag, 14.9.
- 178 Meilen = 285 km -

Gegen 4 Uhr ist dann unsere erste Nacht in Alaska vorbei. Wir genießen eine warme Dusche und frühstücken ausgiebig. In den Nachrichten sagen sie Schneefall im Denali Park voraus, und die Road-Lotteriegewinner können voraussichtlich die Parkstraße nicht mehr befahren. In den Denali Park kommt man nur mit Shuttlebussen. Privater Autoverkehr ist lediglich für ein kurzes Stück erlaubt. Ausschließlich am Ende der Saison und nach Einstellung des Busverkehrs am 15. September wird die Straße per Losverfahren (Road-Lotterie) 4 Tage lang für den privaten Verkehr frei gegeben. Man muss sich in der Zeit vom 1. - 31. Juli mit einem frankierten Rückumschlag an diesem Losverfahren beteiligen, was wir natürlich auch gemacht haben. Wir hatten nur leider beide nicht das Glück, zu den Gewinnern zu gehören, haben aber trotzdem vor, zum Denali Park fahren, in der Hoffnung, wenigstens noch einen Teil davon sehen zu können. Wenn es die Wetterverhältnisse erlauben, wollen wir anschließend auch von Cantwell aus den Denali-Highway befahren, der nach Aussage unseres Reiseführers eine "Traumstraße" sein soll.

Nachdem wir nach dem Aufräumen und Spülen unsere Siebensachen wieder sicher verstaut haben, verlassen wir den Campground und sehen bei der Ausfahrt, dass der Platz am 18.9. geschlossen wird! End of Season! Das kommt uns von unserer Yukonrundreise im letzten Jahr höchst bekannt vor. Offensichtlich haben wir die Reise zwei Wochen zu spät geplant, denn dieses "End of Season" wird uns auf unserer Fahrt noch sehr oft begegnen.

Unseren ersten Stop legen wir schon wenige Meilen später am Infocenter von Matanouska ein, das heute den letzten Tag geöffnet hat (wir scheinen demnächst ja wohl nur noch vor verschlossenen Campgrounds und anderweitigen Einrichtungen zu stehen). Im Matanouska Tal wird aufgrund des günstigen, milden Klimas sehr viel Obst und Gemüse angebaut. Berühmt sind außerdem die riesigen Kohlköpfe, die hier wachsen. Wir erstehen im Infocenter einen Bärenkalender und setzten unseren Weg auf dem Georg-Parks-Highway, der in dieser Gegend noch sehr stark befahren ist, Richtung Norden fort. Er ähnelt dem Alaska-Highway und führt meistens schnurgeradeaus. Rechts und links wird er von leuchtend bunten Herbstwäldern begrenzt. Bald lassen wir auch die Stadt Palmer hinter uns und kaufen weiteren Reiseproviant in einem preiswerten und sehr gut bestückten Supermarkt in Wassilla (ein Tipp: nach Möglichkeit die Supermärkte in Anchorage meiden und lieber außerhalb einkaufen). Hier in Wassilla begegnen wir auch zum ersten Mal einem Zug der Alaska-Railway mit Aussichtswagen. Wir sind erstaunt, dass die Waggons mit zahlreichen Touristen besetzt sind. Anscheinend sind wir nun doch nicht ganz alleine unterwegs. Der Zug fährt am Denali-Park vorbei bis nach Fairbanks und war bis zum Bau des Georg Parks Highways die einzige Verbindung zum Denali!

Heute haben wir schönes Wetter, Sonnenschein und können bei strahlend blauem Himmel mit vereinzelt dicken Wolken herrliche Ausblicke auf die Landschaft genießen. Je weiter wir nach Norden kommen, desto mehr schneebedecktes Gebirge bekommen wir zu Gesicht. Ein herrlicher Kontrast zur herbstlich bunt gefärbten Landschaft um uns herum. Irgendwann biegen wir vom Highway auf die Nebenstraße ab, die nach Talkeetna, einem kleinen Städtchen am Susitna River führt. Auf dem Weg dorthin werden wir durch ein Hinweisschild auf einen "Lookout" aufmerksam, und als wir dann um die nächste Kurve biegen, liegt er im strahlenden Sonnenschein in voller Pracht vor uns: Der Denali! Es ist ein wirklich grandioser Anblick. Und wenn man bedenkt, dass man diesen majestätischen Berg, den höchsten Nordamerikas mit seinen 6.194 m, nur an ganz wenigen Tagen im Jahr überhaupt zu Gesicht bekommt, fühlen wir uns nun wie

Glückspilze, was wir ja auch offensichtlich sind. Das wunderschöne Wetter hat ein ortsansässiges Flugunternehmen gleich zum Anlass genommen, an diesem Aussichtspunkt für seine Rundflüge Reklame zu machen. Da brauchen wir natürlich gar nicht lange zu überlegen, besser wird das Wetter nicht mehr (und außerdem bekommen wir noch 10 Dollar Rabatt auf den Flugpreis!). Im letzten Infocenter haben wir noch gelesen, dass die Rundflüge am Denali ab 5.9. eingestellt würden. Wir können unser Glück kaum fassen und fahren sofort zum Flugplatz, wo viele kleine Flugzeuge auf dem relativ kleinen Rollfeld stehen. Vor unserer Nase schrauben sich die Flieger in den stahlblauen Himmel und fliegen dann in Richtung Denali davon. Ich komme gar nicht mehr großartig zu Überlegungen, ob ich in diese kleine Kiste wirklich einsteigen will, da haben wir schon die große Rundflugroute für 140 Dollar und eineinhalb Stunden Flugdauer pro Person gebucht. Ein paar Minuten müssen wir noch auf den dritten Fluggast warten, und dann quetschen wir uns auch schon etwas mühsam in die kleine Cessna 180. Meine Güte, auf welches Abenteuer habe ich mich denn nun schon wieder eingelassen? Der Vertrauen erweckende Eindruck des Piloten beruhigt mich wieder ein wenig. Dann hebt die kleine Maschine von der Rollbahn ab, und vor uns liegt der grandioseste Flug unseres Lebens! Zuerst überfliegen wir ein Taiga-Gebiet, gesprenkelt mit vereinzelten dürren Bäumen und unendlich vielen großen und kleinen Seen, an deren Ufer teilweise Häuser mit eigenem Bootsanlegesteg stehen. Sie sind nur mit dem Wasserflugzeug erreichbar und liegen völlig abgeschieden in der Einsamkeit. Dann werden unter uns allmählich die ersten Bergketten sichtbar, deren schneebedeckte Gipfel im Sonnenlicht glitzern. Wir überfliegen den Kahitna-Gletscher, der mit 50 Meilen Länge der größte Nordamerikas ist. Die kleine Maschine fliegt haarscharf an schroffen Felswänden vorbei, überquert riesige Eisfelder und von Minute zu Minute tauchen immer großartigere Landschaften vor unseren Augen auf. Vom Fluglärm einmal abgesehen herrscht in der engen Kabine andächtige Stille. Wir finden einfach keine Worte mehr für das, was wir zu sehen bekommen. Wir umrunden den Denali, der mit 4.000 m an seiner Rückseite eine der steilsten Felswände der Welt aufzubieten hat. Auf dem Rückflug nach Talkeetna sehen wir auf den Berghängen zwei Grizzlys. Wohlbehalten und mit leicht dröhnendem Kopf (schließlich sind wir ohne Druckausgleich teilweise in über 4.000 m Höhe geflogen) landen wir nach eineinhalb Stunden wieder auf dem kleinen Flughafen. Dann fahren wir zum Susitna River, stellen den Camper dort ab und versuchen, die Eindrücke der letzten Stunden bei einem kleinen Mittagessen zu verdauen. Anschließend bummeln wir noch etwas durch den gemütlichen kleinen Ort und fahren gegen 17 Uhr wieder weiter. Die nächsten eineinhalb Stunden finden wir keinen geeigneten Platz für die kommende Nacht. Der nächsterreichbare Campground am

Troublesome Creek liegt direkt am Highway. Dort steht auf einer Hinweistafel, dass der Wanderweg am Fluss entlang von Juli bis Anfang September wegen Bären gesperrt ist. Uns gefällt es hier nicht, und so fahren wir weiter bis zum Bylake. Dort bleiben wir auf dem wunderschön mitten im Wald gelegenen Campground am See für 10 Dollar stehen. Auch hier stoßen wir bei einem kleinen Spaziergang überall auf Bärenwarnungen. Im Juli/August sollen sogar welche auf dem Campground gewesen sein! Als wir uns in unsere warmen Schlafsäcke gerollt haben, trommelt leise der Regen auf unser Dach. Welch ein wundervoller Tag liegt hinter uns, und welch ein Glück hatten wir mit dem Wetter.

Freitag, 15.9.
- 143 Meilen = 229 km -

Heute morgen sitzen wir schon um 5.30 Uhr am Frühstückstisch. Das zunehmende Geräusch der Pumpe zeigt, dass unser Wassertank fast leer ist. Draußen wird es so langsam hell, und blauer Himmel mit weißen Wattewölkchen kommt zum Vorschein. Es wird wohl wieder ein schöner sonniger Tag werden. Heute wollen wir zum Denali Park. Bei unserer Weiterfahrt lösen sich die kleinen Wolken immer mehr auf, und bald haben wir nur noch blauen Himmel, sozusagen "Alaska-Traumwetter". Immer wieder genießen wir staunend den atemberaubenden Blick auf das mit Schnee bedeckte Gebirge rechts und links der Straße und machen zahlreiche kurze Fotostops. In Cantwell tanken wir zum ersten Mal auf (der Liter Benzin kostet hier in Alaska umgerechnet rund 55 Cent - ein Traumpreis, wenn man an die deutschen Benzinpreise denkt). Wasser gibt es an dieser Tankstelle auch (das wird auf unserer Tour manchmal zu einem kleinen Problem werden, denn nicht überall kann man Wasser auffüllen!), so daß unser Wassertank rasch gefüllt wird. Wir haben uns nur gewundert, wieso wir so schnell das kostbare Nass nachfüllen mussten, denn unserem Gefühl nach haben wir noch gar nicht so viel verbraucht. Dann bemerkt Horst, dass aus der Entlüftung des Wassertanks ständig Wasser herausläuft. Hier liegt also das Problem, dass wir aber etwas später auf unnachahmliche Weise lösen: Wir kleben während der Fahrt einfach Kaugummi auf die Öffnung und stabilisieren das Ganze mit einen Taschentuch. Nun ist es zwar immer noch nicht absolut dicht, wir verlieren aber wesentlich weniger Wasser. Wir müssen ab jetzt nur immer daran denken, die Öffnung der Belüftung frei zu machen, damit die Pumpe Wasser ansaugen kann. Falls wir das mal vergessen, macht sie sich aber sofort mit lauteren Geräuschen bemerkbar, so dass es uns spätestens dann auffällt.

Weiter geht es bei strahlendem Sonnenschein und goldgelber Laubfärbung Richtung Parkeingang. Unterwegs haben auch hier viele Campgrounds schon geschlossen oder schließen in den nächsten Tagen. Uns fällt auf, dass die allermeisten unmittelbar am Highway liegen, also ziemlich laut sein werden. Gegen 11.30 Uhr sind wir dann an der Visitor-Info. Jeder Besucher, der auf die Straße zum Park einbiegt, wird durch ein großes Schild dazu aufgefordert, hier anzuhalten. Heute ist der erste Tag, an dem die glücklichen Losgewinner die Parkstraße bis zum Wonderlake ganz am Ende befahren dürfen. Sie erhalten hier eine Kennzeichnung für ihr Fahrzeug, die gut sichtbar an der Frontscheibe ihres Autos angebracht werden muss und mit einer "1" für den ersten Tag gekennzeichnet ist. Für alle anderen, die nicht unter den Losgewinnern sind, ist bei der Kontrollstelle am Savage Creek Schluss, es sei denn, man hat einen Platz auf dem Teklalina-River-Campground reserviert. Dann darf man mit einem speziellen Permit bis dorthin fahren. Das Permit gilt aber nur für die Hin- und Rückfahrt. D.h., wenn man auf dem Campground angekommen ist, muss man sein Fahrzeug dort abstellen und darf es erst wieder für die Rückfahrt benutzen, man kann also nicht einfach auf der Parkstraße hin- und herfahren. Auf diese Weise will man den Verkehr regulieren und in engen Grenzen halten. Normalerweise erhält man für dieses Camp im Sommer auch nur ein Permit, wenn man mindestens für drei Tage reserviert.

Wir sehen uns erst einmal in aller Ruhe im Info-Gebäude um und sammeln Kartenmaterial. Nach dem Mittagessen fahren wir noch einmal zur Infostelle, kaufen ein Permit für das Befahren der Parkstraße, und mit einem Riesenglück gelingt es uns dann sogar noch, wegen einer Absage den letzten Stellplatz auf dem Teklalina-River-Campground zu bekommen. Die Dame hinter dem Schalter guckt Horst leicht irritiert an, als der noch zögert (später wissen wir auch warum). Die anschließende Fahrt über die Parkstraße ist eine Traumreise, die wir bei strahlend blauem Himmel und herbstlichem Sonnenschein genießen. Hier oben ist es schon ziemlich frisch (die Schneefallgrenze liegt bei ungefähr 800 m), und man muss sich schon warm anziehen. Nach dem Überqueren der Gleise der Alaska-Railroad steigt die Straße an, und wir fahren zunächst durch einen noch relativ dichten Taigawald, der bald immer spärlicher wird. Kurz darauf haben wir die Baumgrenze erreicht und fahren von nun an, von wenigen Ausnahmen abgesehen, durch unendliches Tundra-Gebiet. Das Bergpanorama rechts und links der Straße verleitet uns immer wieder zum Anhalten, um Fotos und Filmaufnahmen zu machen. Diese grandiose Aussicht werden die allermeisten Besucher des Parks nicht genießen können, da hier die Berge meistens wolkenverhangen sind und es oft regnet. Laut Wetterbericht soll es die nächsten beiden Tage noch so schön bleiben, so hing es zumindest im Visitor-Center aus. Allmählich kommt auch der in der Sonne glänzende mit Schnee bedeckte Gipfel des Denali in Sicht.

Vom Parkeingang aus ist er noch nicht zu sehen. Bei diesem Traumpanorama könnte man die Videokamera pausenlos laufen lassen! Immer wieder halten wir an den Berghängen Ausschau nach Bären, bekommen aber leider keine zu Gesicht. Vielleicht haben sie sich wegen des unmittelbar hier bevorstehenden Wintereinbruchs doch schon in ihre Höhlen zurückgezogen. Gegen 17.30 Uhr haben wir auf der Gravelroad den Campground erreicht, der 28 Meilen vom Eingang entfernt liegt. Am Savage River wurden wir kontrolliert, ob wir auch ein gültiges Permit für die nachfolgende Strecke haben. Außerdem ermahnte man uns, mit Licht und äußerst vorsichtig auf der nun noch schlechter werdenden Holperstrecke zu fahren. Vom Campground selbst sind wir zunächst etwas enttäuscht. Die 50 Stellplätze liegen mangels Bäumen hier oben relativ dicht beieinander und sind nur durch niedrige Büsche getrennt. Sie sind bis auf eine Handvoll schon alle besetzt, und wir suchen uns nun aus dem spärlichen Rest noch den schönsten aus. Schräg gegenüber unserem Stellplatz hat jemand seinen Generator angeworfen. Hier oben ist es mächtig kalt, so dass wir als allererstes die Heizung in Betrieb nehmen. Man glaubt es kaum, aber hier übernachten sogar noch Touristen im Zelt, für mich bei dieser Kälte unvorstellbar.

Beim Abendimbiss ziehen einige dick vermummte Camper, bewaffnet mit Kamera und Fernglas an unserem abgestellten Häuschen vorbei. Wo wollen die bloß hin? Wahrscheinlich gleich den Sonnenuntergang beobachten. Wir beeilen uns, und ziehen dann auch unsere dicken Winterpullover an, denn es ist trotz der Taghelle schon bitterkalt. Hier oben kommen sogar meine mitgebrachten Handschuhe und der dicke Schal zum Einsatz, bei deren Einpacken Horst zuhause noch schallend gelacht hat. Nun lacht er nicht mehr so laut, denn in seinem Gepäck sind diese Dinge nicht vorhanden. Wir schlendern über den Campground und stoßen schon bald auf das weite Kiesbett eines großen Flusses. Aus der jetzt von der Abendsonne rosa angestrahlten, tiefverschneiten Bergkette am Horizont strömen um diese Jahreszeit nur noch wenige kleine Flussarme durch das weite Tal. Das erste, was mir ins Auge springt, sind deutlich sichtbare Bärenspuren! "Kann nicht sein", ist der erste Kommentar von Horst "die liegen bei dieser grimmigen Kälte doch alle schon im Winterschlaf", und schon stolpert er über eine ausgegrabene und angefressene Wurzel im Kies. Jetzt ist er genauso wie ich elektrisiert. Hier gibt es tatsächlich Bären, und der Bärenhaufen, der kurz darauf vor unseren Füßen liegt, ist nur wenige Stunden alt! Bei unserem Streifzug durch das Flussbett sind wir jetzt wachsam und suchen die Gegend erst einmal mit dem Fernglas ab. Nichts! Kurz darauf kommt ein deutsches Ehepaar über das Geröll den Fluss hinauf. Beide haben eine Film- und Fotoausrüstung dabei. Wir kommen mit den beiden ins Gespräch, und sie erzählen uns, dass vor eineinhalb Stunden hier mehrere Grizzlys gewesen sind, unter anderem auch eine Bärin mit zwei verschiedenfarbigen Jungen! Nun sind wir natürlich vollends aus dem Häuschen und hoffen inständig, sie heute Abend im Sonnenuntergang vor der Traumkulisse der Berge auch noch zu sehen. Nach einer weiteren halben Stunde sind wir total durchgefroren, und außerdem wird es so langsam dunkel. Bären bekommen wir zu unserer großen Enttäuschung nicht mehr zu Gesicht. Morgen wollen wir dann früh aus den Federn und hier noch einmal auf "Bärenjagd" gehen. Jetzt freuen wir uns erst mal auf unseren warmen Camper. Um uns herum herrscht eine urige Atmosphäre: Zelter, die in der Abenddämmerung draußen ihr Essen kochen, Wohnmobilisten, aus deren Behausung das leise Geräusch der ständig laufenden Gasheizung dringt und dazwischen zahlreiche Lagerfeuer (das Betreiben von Generatoren ist ab 20 Uhr wegen Nachtruhe verboten). Müde und doch noch aufgekratzt von diesem ereignisreichen Tag mit all seinen unvergesslichen Eindrücken rollen wir uns im Schlafsack zusammen. Die Heizung wird heute Nacht sicherlich mehr laufen als stillstehen. Irgendwann in der Nacht werde ich wach und will einen Blick nach draußen werfen. Geht nicht, denn an der Innenseite der Scheiben hier oben im Alkoven haben sich trotz der fast ständig laufenden Heizung überall Eisblumen gebildet! Ich taue mir ein Loch auf und blinzle nach draußen. Atemberaubend der Ausblick, der sich mir da bietet: Es ist Vollmond, und mein Blick fällt auf eine schneebedeckte im Mondschein liegende Bergkette. Am liebsten würde ich ja jetzt nach draußen gehen, aber der Gedanke an die Eisschranktemperaturen lässt mich dann wieder in den warmen Schlafsack kriechen. Bald darauf bin ich wieder eingeschlafen und träume von kleinen und großen Bären, Schneebergen, Flugzeugen, Wäldern und Seen.

Samstag, 16.9.
- 71 Meilen = 114 km -

Gegen 5.30 Uhr haben wir ausgeschlafen. Sämtliche Fenster des Wohnmobils sind zugefroren, und später muss ich dickes Eis von den Scheiben im Alkoven kratzen. Wir frühstücken gemütlich, ziehen dann die wärmsten Sachen an, die wir dabei haben und machen einen Morgenspaziergang. Wir sind nicht die Einzigen, die um diese frühe Stunde schon unterwegs sind. Ein Schneehase hoppelt vor unserer Nase ins Gebüsch und sieht uns von dort neugierig an. Er macht überhaupt keinen scheuen Eindruck. Und bald darauf sehen wir die nächsten beiden, die durch die Gegend streifen. Wir unterhalten uns mit einem Alaskaner, der mit seinem Hund eine Runde dreht. Der Einheimische erzählt uns, dass wir heute Nacht - 10 Grad hatten! Wenige Meter weiter bricht dann auf einmal ein Streit zwischen einem Jäger und einem offensichtlichen Tierliebhaber wegen der zur Zeit stattfindenden Elch- und Karibujagd aus. Wir suchen ziemlich schnell das Weite, ehe wir zwischen die Fronten geraten, denn der Streit wird immer lauter und droht fast zu eskalieren. Als wir am Flussufer eintreffen, steht der Deutsche von gestern Abend schon mitten im Flussbett und guckt angestrengt durch sein Fernglas den Fluss hinauf. Er hat weit oben eine Bärin mit einem Jungen im Gebüsch erspäht. Heute Morgen sind sämtliche Pfützen und die Ränder der Flussläufe dick gefroren, und unter unseren Schuhen ist das Knacken des Eises zu hören, als wir das Flussbett weiter hinaufgehen. Ansonsten herrscht hier wie gestern Abend totale Stille. Als ich durchs Fernglas blicke, kann ich einen schwarzen Punkt am rechten Uferrand im Gebüsch erkennen, der sich in unsere Richtung bewegt. Die beiden Tiere sind noch viel zu weit von uns entfernt, um ein Foto zu machen. Wir schlendern also weiter im Geröll herum (ständige Bewegung tut bei dieser Kälte Not, denn sonst ist man bald steifgefroren), als plötzlich oberhalb von uns ein relativ heller Grizzly gemütlichen Schrittes um die Ecke in unser Blickfeld kommt und völlig unbeeindruckt von unserer Anwesenheit damit beginnt, Wurzeln aus dem Kiesbett zu reißen. Kurz darauf gesellt sich dann noch ein dunkelfarbiger Bär dazu. Es sieht so aus, als wären es die beiden Geschwister, denn allzu groß sind sie noch nicht. Bald sind sie nah genug, dass man sie fotografieren und filmen kann. Fasziniert sehen wir ihnen zu, bewahren aber ausreichenden Abstand zu ihnen, als sie näher kommen. Dann drehen sie plötzlich zum gegenüberliegenden Flussufer ab und sind bald darauf im Gebüsch verschwunden. Der "Grizzly-Mann" aus Süddeutschland, wie wir den Deutschen schon gestern Abend getauft haben, erzählt uns, dass er sich schon vor 30 Jahren einen Jugendtraum erfüllt und hier oben an einem einsamen See eine Blockhütte gebaut hat, die nur per Wasserflugzeug erreichbar ist. Von seiner Hütte aus hat er einen direkten Blick auf den Denali. Er ist freiberuflich für ein Museum in Deutschland tätig (ich hatte ihn schon fälschlicherweise für einen Tierfilmer oder ähnliches gehalten) und kommt jedes Jahr im Juli für drei Monate mit seiner Frau nach Alaska. Das wäre ebenfalls mein Traum! Die beiden gehen jedes Jahr auf Reise quer durch das weite Land und waren schon auf Kodiak, am McNeill usw. Beide sind wie wir totale Bärenfans und haben in den 30 Jahren hier oben noch nie eine gefährliche Bärenbegegnung gehabt. Das deckt sich ganz und gar mit unserer Einstellung, dass all die Unglücksfälle durch das falsche Verhalten der Menschen und nicht durch die Bären ausgelöst worden sind. Solange man sich "bärengerecht" verhält, wird nichts passieren, d. h. wir müssen respektieren, dass es ihr Land ist, das wir betreten, und nicht umgekehrt. Gegen 11.45 Uhr verlassen wir diesen wunderschönen Ort um im Visitor-Center zu versuchen, noch einmal ein Permit für ein oder zwei Nächte für diesen Campground zu bekommen. Die Landschaft ringsherum ist auch heute wunderschön. Im Gegensatz zu gestern ist alles dick gefroren, und teilweise liegt an manchen Stellen eine leichte Schneedecke. Das tut unserer Begeisterung aber keinesfalls einen Abbruch. Im Gegenteil! Einen Dämpfer bekommen wir aber, als wir an der Visitor-Info ankommen und auf den großen Tafeln die roten Besetztschilder für die Campgrounds sehen. Hätten wir doch bloß gestern für mehrere Tage reserviert! Aber da wussten wir noch nicht, wie wundervoll es hier sein würde. Leicht geknickt setzen wir unsere Fahrt dann Richtung Healy fort, wo es einen Supermarkt geben soll. Sobald man den Einzugsbereich des Denali Parks verlässt, wird die Landschaft um einen herum relativ eintönig und wesentlich flacher. Der Supermarkt in Healy ist winzig klein, und das Einkaufen dort kann man aufgrund des Angebotes getrost vergessen. Weiter Richtung Norden wollen wir nicht mehr, und machen uns bald darauf wieder auf den Rückweg. Unterwegs halten wir für unser Mittagessen am idyllisch gelegenen Otto-Lake-Campground, der um diese Jahreszeit allerdings auch schon geschlossen hat (hätte uns auch sehr gewundert, wenn es anders gewesen wäre). Auf unserer Weiterfahrt am frühen Nachmittag entschließen wir uns, heute noch einmal im Bereich des Denali-Park zu bleiben, da es für eine Fahrt auf dem Denali-Highway heute doch zu spät geworden ist. Wir reservieren einen Stellplatz auf dem gleich am Parkeingang gelegenen Riley-Creek-Campground (10 Dollar) und fahren dann noch einmal zurück zum Mk-Kinley Village, einem total touristisch aufgemachten Örtchen direkt am Highway. Hotels, Cabins und Campground liegen unmittelbar an der viel befahrenen Straße. Wir finden es hier fürchterlich, obwohl bis auf wenige Unterkünfte und einen kleinen Supermarkt schon alles hier geschlossen hat. Aber wir fragen uns, wie es hier wohl im Sommer aussehen mag. Da kann man vor lauter Touristen wahrscheinlich keinen Fuß mehr vor den anderen setzen. Obwohl vieles hier schon geschlossen ist, sind wir froh, in dieser ruhigen Jahreszeit hier zu sein. Am Supermarkt fällt mein Blick auf einen dort angehefteten Zettel: "Cabin, voll eingerichtet, Elektrizität und Telefon mit wundervollem Ausblick auf die Berge in der Zeit von Oktober bis Mai für 300 Dollar/Monat zu vermieten". Das wäre es doch! Ein traumhaftes Angebot, das ich am liebsten sofort annehmen würde. Aber da wäre ja noch mein Chef, der dabei auch ein Wörtchen mitzureden hätte ...

Im Visitor-Center des Denali Parks sehen wir uns später noch einen 15-minütigen Film über den Park an und machen noch einen Spaziergang zur Bahnstation der Alaska-Railroad. Als wir abends im Wohnmobil sitzen und die Route für den nächsten Tag studieren, werden nach und nach um uns herum alle Plätze besetzt. Es hat sich mittlerweile bewölkt, und es sind nur noch + 2 Grad.

Sonntag, 17.9.
- 149 Meilen = 238 km-

Heute ist es schon gegen 6.00 Uhr, als wir uns aus unseren warmen Schlafsäkken schälen. Beim Blick nach draußen können wir es erst einmal nicht fassen: Es schneit! Bei dampfendem Kaffee und Kakao genießen wir unser Frühstück mit Blick auf den rieselnden Schnee mitten im Wald. Wir fragen uns, ob wir bei dieser Witterung den Denali-Highway heute überhaupt noch befahren können. Es soll schon bei völlig normalen Wetterverhältnissen nicht so ganz einfach sein, da es sich um eine 215 km lange Schotterstraße handelt, die nur im Osten auf einer Länge von 34 km asphaltiert ist. Im Schneetreiben fahren wir zur nahegelegenen Dumpstation, dumpen und füllen Wasser auf und fahren noch einmal zum Infocenter um zu sehen, wie der Wetterbericht ausfällt. Dort fällt unser Blick auf ein Schild: Die Straße in den Park ist nach 3 km wegen Schneefall komplett gesperrt! Da hatten wir ja noch mal Glück, dass wir gestern noch bis hierher gefahren sind, denn heute säßen wir erst mal da oben auf dem Teklanika Campground fest. Die Wetteraussichten für die nächsten Tage sind gar nicht so schlecht, wie wir zunächst befürchtet hatten. Schon gegen Mittag soll es aufklaren und ab morgen nur noch vereinzelte Bewölkung geben. Jetzt müssen wir nur noch herausfinden, wie der Zustand des Denali-Highways ist und ob wir bis Paxson auf der anderen Seite fahren können. In Cantwell, wo wir vom Georg Parks Highway. abbiegen müssen, tanken wir noch einmal auf. Da wir in den letzten beiden Tagen der ständig laufenden Heizung einiges an Gas verbraucht haben, wollen wir das auch hier nachtanken. Wegen fehlenden Personals ist dies hier sonntags aber angeblich nicht möglich. So müssen wir hoffen, dass wir mit der restlichen Gasfüllung (die Anzeige zeigt noch etwa ein Viertel an) bis zur nächsten Tankmöglichkeit kommen. Dann beginnt unsere Fahrt auf der angeblichen "Traumstraße". Schon nach wenigen Kilometern haben wir auf der zunächst noch asphaltierten Straße einen phantastischen Ausblick auf das hinter uns liegende Denali-Gebirge. Mittlerweile haben auch die Niederschläge aufgehört, es ist sonnig geworden. Die Gravelroad geht weiter durch ein schönes Gebirgspanorama. Hier ist es auch nicht mehr so kalt wie oben am Denali. Tief unten im Tal fließt der Nenana-River, der in der nahen Alaska-Range entspringt und in den Yukon fließt. Dann erreichen wir ein Plateau mit Blick auf den Susitna-River. Wir stehen an einer Wasserscheide. Der Nenana-River strömt in den Yukon und damit ins Bering-Meer, während der Susitna-River ins Cook Inlet und damit in den Pazifik fließt. Wir haben einen fast gänzlich freien Blick auf die Alaska Range mit zahlreichen und riesigen Gletscherregionen. Im übrigen sieht die Vegetation hier oben ziemlich trist aus: Herbstlich braune und fast gänzlich blätterlose Sträucher, dazwischen immer wieder Ebenen mit rötlich braunen Beerensträuchern, an denen wir noch einige köstlich schmeckende Blaubeeren finden. Nach ca. 50 Meilen erreichen wir auf der Rumpelstrecke (nichts für Bandscheibengeschädigte) die winzig kleine Ortschaft Gracious House, die aus einer Lodge, einigen Cabins und einer Tankmöglichkeit besteht. Das Ganze sieht schon etwas verfallen aus. Aber nach einer Fahrt durch die absolute Einsamkeit (wenn man mal davon absieht, dass hier oben sehr viele Jäger unterwegs sind), ist man froh, wenn man dann mal Anzeichen von Menschen sieht. So ergeht es mir jedenfalls auf dieser Strecke. Was mich angeht, so bin ich nicht der Meinung, dass es eine "Traumstraße" ist. Sie ist zwar sehr schön, aber da gibt es weitaus schönere Strecken, die die Bezeichnung "Traumstraße" verdienen. Mürbe macht mich allmählich auch die fürchterliche Rumpelei auf der Schotterstrecke. In den Schränken hüpft und poltert der Inhalt lautstark durcheinander, und bei manchen Schlaglöchern muss man Angst haben, dass das Mobiliar aus der Verankerung gerissen wird. Wir passieren dann eine große Holzbrücke über den Susitna-River. Hier pfeift der Wind dermaßen über die Sandbänke im Flussbett, dass man meilenweit riesige Staubfahnen sehen kann. Die Landschaft wird in dieser Gegend immer trister und besteht bald nur noch aus kahlen Berghängen und verdörrten Sträuchern. Als wir den 1.245 m hohen McLaren Summit erreichen, ist um uns herum alles mit Schnee bedeckt. Nach uns unendlich erscheinenden 115 Meilen erreichen wir dann endlich den Tangle Lakes Campground, der idyllisch eingebettet in einer flachen Felslandschaft liegt. Der auch hier um den Camper pfeifende Wind ist eiskalt, so dass wir uns einen Spaziergang zum See heute Abend verkneifen. Auf der gesamten Strecke hierher haben wir kein einziges Tier gesehen. Was uns allerdings bisher positiv aufgefallen ist, dass es in Alaska im Gegensatz zu Kanada keine vorherrschende Holzindustrie gibt. Bis jetzt haben wir noch keine kahlgeschlagenen Berghänge gesehen.

Müde und geschafft von der Holperstrecke liegen wir bald in unseren Betten, während draußen der Wind um unsere Behausung pfeift.

Montag, 18.9. - 41.373 Miles -
- 199 Meilen = 318 km -

Heute Morgen bin ich als Erste wach und lese noch ein wenig, bevor der "Herr des Hauses" dann auch endlich seine Augen aufschlägt. Beide genießen wir den Sonnenaufgang über dem See. Der Himmel ist blankgeputzt. Mit anderen Worten: Wir haben mal wieder traumhaftes Wetter. Draußen sind alle Pfützen des Campgrounds dick zugefroren. Das hält uns aber nicht davon ab, in der Morgensonne einen kleinen Spaziergang zum See zu machen. Mit uns stehen noch ein anderes Wohnmobil und ein Camper mit Zelt hier. Wenig später fahren wir unserem nächsten Ziel entgegen. Wir halten wegen phantastischer Ausblicke hinter jeder Ecke (dies ist wirklich der schönste Abschnitt der ganzen Strecke, finden wir), um Fotos und Filmaufnahmen zu machen. Das Panorama ist einfach überwältigend. Noch viel mehr sind wir aber von der fast absoluten Stille um uns herum fasziniert. Es ist einfach "Nichts" zu hören, bis sich ein Auto in weiter Ferne mit Motorbrummen bemerkbar macht. Teilweise ähnelt die Landschaft hier der am Mount Cook in Neuseeland. Durch unsere zahlreichen Stops kommen wir kaum von der Stelle. Auf einer weiten Hochebenen sehen wir dann plötzlich eine große Karibuherde, die durch die Gegend streift. Leider sind die Jäger auch schon hier, und durch das Fernglas muss ich mit ansehen, wie einer von ihnen ein soeben abgeschossenes Tier abtransportiert.

Inzwischen ist die Gravelroad nur wenige Meter hinter unserem letzten Übernachtungsplatz wieder in eine Asphaltstraße übergegangen. Wir sind unmittelbar vor dem kleinen Ort Paxson. Die Straße geht immer weiter bergab, und hinter der nächsten Kurve fahren wir plötzlich durch einen dichten, dunklen Wald, und auch die Farbenpracht der Blätter nimmt wieder zu. Die Natur sieht hier aus, wie vergangenen Herbst im Yukon. Die Landschaft mit ihren herbstlich goldenen Blättern macht den Eindruck, als hätte jemand Honig in sämtlichen Schattierungen über sie gegossen. Bald haben wir die Kreuzung erreicht und biegen auf den Richardson Highway Richtung Süden ab. Die Straße schlängelt sich eine Zeitlang durch ein Waldgebiet am traumhaft gelegenen, 11 Meilen langen Paxson Lake entlang. Auf dem wunderschön gelegenen, dortigen Campground, dessen Stellplätze uns riesengroß erscheinen und weit auseinander liegen, machen wir eine kurze Rast und nutzen die Möglichkeit zum Dumpen. Auf den wirklich groß dimensionierten Stellplätzen hat man das Gefühl, ein kleiner Waldbesitzer zu sein. Der nächste Nachbar ist bei dichtem Baumbestand kaum auszumachen. Am Meyers Lake tanken wir auf und wollen Gas nachfüllen. Mit dem Gasauffüllen gibt es zuerst Probleme, da der Kassierer hinter der Kasse mit seinem dicken Kugelbauch und kurzärmeligen T-Shirt (immerhin sind auch hier die Pfützen noch gefroren!) zunächst offensichtlich keine Lust dazu hat. Erst als sich sein Kompagnon einschaltet, klappt es plötzlich. Als wir nach Wasser fragen, dann die nächste Hürde. Wasser zum Nachfüllen gibt es angeblich hier in der gesamten Gegend nicht, höchstens in Glennalen oder Valdez, wo wir heute noch hinwollen. Auf meine Frage, ob er den wenigstens Briefmarken habe (ich wollte eigentlich noch eine Karte verschicken), dann sein nächstes kategorisches "Nein", Briefmarken gäbe es hier nur dienstags und donnerstags, wenn jemand von der Poststelle hier wäre. Ich muss schon sagen, ein wirklich gastlicher Ort, dieser Meyers Lake! Wir sehen jedenfalls zu, dass wir hier schleunigst wegkommen. Unsere

Traumreise bei Traumwetter geht weiter Richtung Süden. Die Bilderbuchlandschaft gleicht der am Cassiar Highway: Eine bunte Herbstlandschaft in allen Schattierungen unterbrochen von dichten, grünen Wäldern und zahlreichen Seen. Zwischen all dem blitzt an manchen Stellen auch die Alaska-Pipeline durch das Grün der Wälder. Auf dem Sourdough Campground, der gerade winterfest gemacht wird, verbringen wir unsere Mittagspause, bevor es weiter geht. Immer wieder werden wir zu kurzen Fotostops verführt.

Der Richardson Highway ist kaum befahren, was uns doch sehr wundert. Wir hatten hier mit wesentlich mehr Verkehr gerechnet. Aber es soll uns nur Recht sein. Am Horizont tauchen die mit einer dicken Schneekappe überzogenen Gipfel der Wrangel-St. Elias-Mountains auf. In Gulkana kreuzen sich der Glenn- und Richardson Highway. Wir fahren zunächst auf den Glenn Highway nach Glennalen und füllen an einem RV-Park gegen eine Gebühr von 3 Dollar unsere Wasservorräte auf, bevor es wieder zurück auf den Richardson Highway in Richtung Valdez geht. Mittlerweile reicht die Bezeichnung "Traumstraße" hierfür fast schon nicht mehr aus. Es ist nicht nur die farbenprächtige Laubfärbung, die Begeisterung hervorruft. Die Eisriesen der nahen Wrangel Mountains tauchen hinter einer Kurve auf. Sie sehen aus wie riesige Puderzuckerberge, die man einfach in die flache Landschaft gesiebt hat. Einen besonders schönen Rundblick hat man vom Parkplatz des Willow Lake, von wo aus man die 4.000 - 5.000 m hohen Riesenberge bestaunen kann. In der Visitor-Info des Copper Centers erzählt man uns, dass das heutige Wetter das beste seit langem sei. Auf dem weiteren Weg nach Valdez jagt ein landschaftlicher Höhepunkt den nächsten. Einen letzten Halt machen wir noch am Worthington-Gletscher, den man schon von weitem von der Straße aus sieht. Dann geht es noch über den 816 m hohen Thompson Pass, auf dem laut Reiseführer aufgrund der Pazifiknähe im Winter gewaltige Schneemassen niedergehen sollen, und dann ist für heute Schluss mit der Fahrerei. Wir bleiben auf dem Blueberry Lake Campground stehen, der mitten zwischen den baumlosen Küstenbergen liegt. Hier haben wir das Gefühl, in den Alpen zu sein. Mit uns stehen nur noch drei andere Fahrzeuge hier oben.

Dienstag, 19.9.
- 75 Meilen = 120 km -

Als wir heute morgen aufstehen, ist es bewölkt, und die Sonne kommt nur kurz zum Vorschein. Gestern haben wir auf unserer Fahrt hierher wohl ein Riesenglück mit dem Wetter gehabt. Nach dem Frühstück geht es los ins nur noch 24 Meilen entfernte Valdez. Die breit ausgebaute Straße führt von unserem Campground immer bergab durch eine alpenähnliche Landschaft. An einer Baustelle macht uns das Stop-Girl auf Bären am Hang aufmerksam. Man sieht sie leider nur durch das Fernglas. Tatsächlich grasen hochoben auf einem Hang mit Beerensträuchern eine Bärenmama mit zwei Jungen und zwei größere Bären. Es scheinen allesamt Schwarzbären zu sein. Als wir nach der Weiterfahrt wenige Zeit später Valdez erreichen, fahren wir zuerst einmal zum Marineterminal, wo die von der Proudhoe-Bay beginnende Alaska-Pipeline nach über 800 Meilen endet und das bis hierher transportierte Öl in große Tankschiffe verladen wird. In der Hauptsaison kann man hier Führungen mitmachen, aber um diese Zeit ist das natürlich nicht mehr möglich. Am Eingang zum Terminal stehen große Schautafeln mit der Geschichte der Pipeline, sowie mit Informationen über das Beladen der Tanker. Auch auf Sicherheitsvorkehrungen wird groß hingewiesen, die dazu dienen sollen, dass sich das große Tankerunglück der "Exxon Valdez" vom 23. März 1989 nicht mehr wiederholen kann. Dann fahren wir in die kleine Stadt Valdez mit ihren 4.000 Einwohnern, eine typische Hafenstadt. Unmittelbar vor dem Ort mündet ein kleiner, unscheinbarer Bach in den Fjord, der voller laichender Lachse ist. Man hat hier eine Holzplattform gebaut, von der man das Schauspiel betrachten kann. Am geschlossenen Fähranleger wird auf einem Zettel darauf hingewiesen, dass die letzte Fähre nach Whittier übermorgen hier ablegt (die Überfahrt dauert 6,5 Stunden). Ein Wohnmobil (20 - 21 Fuß) würde 110 Dollar kosten, pro Person dann noch einmal 59 Dollar. Das ist ja auch nicht gerade preiswert. Wir wollen lieber den großartigen Richardson Highway zurückfahren und dann über den Glenn Highway nach Anchorage und weiter auf die Kenai-Halbinsel. Heute machen wir mal vom Kochen Pause und gehen Mittagessen, was sich für mich als großer Fehler erweist. Offensichtlich habe ich in meinem Essen Mehl gehabt, worauf ich allergisch reagiere. Wir tätigen noch einen kleinen Einkauf im Supermarkt und begeben uns dann ins Visitor-Center. Dort hängt der aktuelle Wetterbericht: Morgen soll es noch einmal schön bleiben, aber ab Donnerstag dann regnen! Anschließend verbringen wir noch längere Zeit im äußerst interessanten Museum von Valdez, wo die Geschichte der Stadt einschließlich Goldgräberzeit und Erdbeben von 1964 anschaulich dargestellt ist. Mittlerweile ist es 18 Uhr geworden, und wir fahren noch zum kleinen Airport, wo gerade eine Convair 580 Maschine nach Anchorage startet.

Dann geht es zurück zum Blueberry Campground. Heute stehen hier nur zwei Zelte. Auf der Fahrt zum Campground fällt mir aus unerklärlichen Gründen ein kleiner Pickup auf, der erst vor uns herfährt, dann in ein Baucamp einbiegt und wenig später wieder auf die Straße zurückkommt. Dieser Wagen steht später auf der unteren Zufahrtsstraße zum Blueberry Lake. Die Camper vom zweiten Zelt sind gerade dabei, unter dem Dach der Schutzhütte ihr Abendessen zu kochen. Wir stellen uns auf den gleichen Platz wie gestern. Und dann ereignet sich wenige Minuten später etwas, was mein bisheriges Bild von Kanada und Alaska ins Wanken bringt. Wir haben uns kaum auf den Platz gestellt, da sehen wir einen Mann und eine Frau auf dem Weg vor unserem Wohnmobil herspazieren. Er trägt ein Jagdgewehr über der rechten Schulter. Ich denke noch flüchtig: "Ist ja irgendwie komisch", während Horst sich auf einmal wieder seine Jacke anzieht mit der Bemerkung, er ginge noch ein wenig spazieren. Wenig später kommt er wieder und meint, die beiden wären aber seltsam gewesen. Der Mann wäre gerade aus dem Gebüsch gekommen mit einer blauen Plastikplane unter dem Arm und habe offensichtlich das Zelt abgebrochen. Auf seine Frage, ob er Jäger sei, habe der Mann grinsend geantwortet, er sei auf Bärenjagd. Wir essen erst einmal zu Abend und brechen dann noch einmal zu einem kurzen Abendspaziergang auf. Auf den gezackten Bergspitzen, die aussehen wie die Dolomiten, sind gerade noch die letzten rötlichen Sonnenstrahlen zu sehen. Mir ist es zu kalt, und so trolle ich mich lieber zurück ins Warme, um dort in Ruhe mein Tagebuch zu schreiben. Kurz bevor ich den Camper erreiche, kommt ein junger Mann auf mich zu (offensichtlich einer der Zelter) und fragt mich, ob wir hier schon lange stehen und ob ich etwas über das andere Zelt wüsste. Nein, weiß ich leider nicht. Kurze Zeit später kommt Horst dann auch und erzählt mir, was passiert ist. Während die beiden Zelter ihr Essen gekocht haben, hat jemand ihr Zelt gestohlen. Nun haben sie weder ein Dach über dem Kopf, noch Schlafsäcke oder sonst was. Horst ist sofort davon überzeugt, dass das der Mensch mit dem Gewehr war, der so auffallend hastig mit dieser Plane aus dem Gebüsch kam und sich dann sehr schnell vom Campground entfernte. Schon allein die Tatsache, dass jemand (verbotenerweise) mit einem Gewehr über einen Campingplatz geht, hätte uns stutzig werden lassen müssen. Aber was hätten wir denn gegen jemanden mit einem Gewehr ausrichten können? Nichts! Im Gegenteil, bei der Vorstellung, was hätte passieren können, wird es mir ganz anders. Die beiden Zelter haben inzwischen ihr Auto geholt und sich zu den anderen beiden jungen Leuten auf den Platz gestellt und ein Lagerfeuer entfacht. Da wir unsere eigenen Schlafsäcke mitgebracht haben, sind die von der Vermietstation noch übrig, und wir bieten sie den beiden bestohlenen Campern an. Sie können sie uns ja morgen früh wieder zurückgeben. Dankend lehnen sie ab. Die beiden anderen haben wohl noch Decken dabei, und sie werden im Auto übernachten und morgen früh zur Polizei fahren. Ich bezweifle, dass sie da noch etwas ausrichten können. Sie erzählen uns, dass sie nun schon vier Monate lang kreuz und quer durch Alaska reisen, aber so etwas wie heute sei ihnen noch nirgendwo passiert. Auch ich hatte mich in all den bisherigen Kanada-Urlauben immer sicher gefühlt. Damit ist es jetzt auf einmal vorbei, und ich werde wohl eine ziemlich unruhige Nacht verbringen. Was mich beunruhigt, ist vor allem das Gewehr. Dabei ist dieser Campground hier oben in den Bergen so ein wundervoller Platz! Wir wollen uns gerade in unsere Schlafsäcke einrollen, da klopft es leise an der Tür. Ich habe nur einen Gedanken: Der Mann mit dem Gewehr, und jetzt ist unser Wohnmobil auch noch futsch! Horst öffnet vorsichtig die hintere Tür, und draußen stehen die beiden jungen Frauen vom Platz neben uns, die uns fragen, ob wir sie morgen früh vielleicht nach Anchorage mitnehmen würden. Als wir ihnen sagen, dass wir morgen mit Sicherheit noch nicht in Anchorage sein werden (wir wollen uns für den Glenn Highway Zeit nehmen und unterwegs irgendwo übernachten), wollen sie es sich noch einmal überlegen und gehen zu den anderen zurück. Wir hören sie noch lange in der Dunkelheit reden und Musik machen. Die haben Nerven! Meine liegen jedenfalls für den Rest des Abends blank. Gegen 22.30 Uhr kommt im Stockfinsteren noch ein Wohnmobil mit aufgeblendeten Scheinwerfern im Schneckentempo über den Platz gefahren. Leute mit Taschenlampen steigen aus und suchen das Gebüsch und die beiden nächstgelegenen Stellplätze ab. Ich beobachte das Ganze argwöhnisch aus meinem Alkovenfenster und möchte am liebsten weg von hier. Und dann meint mein Göttergatte, es wäre bestimmt besser, wenn wir noch eine Stunde Wache hielten, dreht sich herum und schnarcht tief und fest vor sich hin ... Bei dem angekommenen Wohnmobil scheint es sich aber wirklich um harmlose Camper zu handeln. Sie stellen ihr Wohnmobil auf einen Stellplatz, und dann herrscht Ruhe. Meine Güte, was war das für ein Tag! So schnell werde ich den nicht vergessen.

Mittwoch, 20.9.
- 140 Meilen = 224 km -

Nach dem aufregenden gestrigen Abend verlief die Nacht dann doch noch ruhig. Noch vor dem Frühstück geht Horst auf "Spionage-Tour", um nach den Neuankömmlingen von gestern Abend zu sehen. Es sind harmlose Camper, wie er bei seiner Rückkehr berichtet. Der Himmel ist von dichten Wolken bedeckt, aber es bleibt trocken. Als wir gegen 9 Uhr losfahren, schauen wir noch kurz bei den Zeltern vorbei, um zu fragen, ob sie nun ein Stück mitfahren wollen. Sie liegen noch im Tiefschlaf, und aus einem Auto ist lautes Schnarchen zu hören. Dann geht es wieder über den wunderschönen Richardson Highway, aber diesmal bei nicht ganz so gutem Wetter. Wir haben aber immer noch phantastische Aussicht auf die Eisriesen der Wrangell-Mountains, die teilweise über 5.000 m hoch sind. In Glennalen biegen wir auf den Glenn Highway Richtung Anchorage ab, nachdem wir zuvor im dortigen Supermarkt unsere Lebensmittel aufgefrischt haben. Im Rückspiegel sehen wir noch lange den eisgepanzerten Mt. Wrangell und die anderen Berge dieses Gebirges. Am wunderschönen von buntem Herbstwald umgebenen Moose-Lake gibt es einen Mittagsimbiss, während draußen vor der Tür die Moskitos schwirren.

Bei unserer Weiterfahrt durch ein großes Waldgebiet haben wir wunderbare Ausblicke auf die schneebedeckten Berge der Klutina-Mountains links am Horizont. Entgegen unserer ursprünglichen Absicht entscheiden wir uns von einer Minute zur anderen, doch noch einen Abstecher zum Lake Louise zu machen. Nach einer 30 Minuten dauernden Fahrt auf einer Schotterstraße mit immer wieder schönen Aussichten, sind wir vom See so begeistert, dass wir auch noch kurz entschlossen beschließen, die heutige Nacht hier zu verbringen. Hier oben am See ist es übrigens auch ziemlich kalt, denn Pfützen und kleinere Wasserrinnen sind fast alle mit einer dünnen Eisschicht bedeckt. Am Ufer des riesigen Sees stehen im Wald überall versteckt Häuser, zum Teil auch auf den bewaldeten Inselchen mitten im See. In unmittelbarer Nähe des Campgrounds (die Übernachtung kostet 10 Dollar), liegt auf einem kleinen Hügel eine Lodge mit traumhaftem Ausblick über den See mit seinen kleinen Inseln, hinter dem in der Ferne der Mt. Wrangell aus den Wolken hervorblitzt. Trotz Moskitos lassen wir es uns nicht nehmen, am Seeufer einen Spaziergang zu machen und treffen auf zwei Angler, die gerade mit einer frisch gefangenen, riesengroßen Forelle zu ihrem Auto gehen. Auf unserem Rückweg zum Wohnmobil sitzen sie schon am Lagerfeuer und verspeisen gerade den frisch gegrillten Fisch. Als wir bei einsetzender Dämmerung gerade zu Abend essen, spaziert nur wenige Meter an unserem Häuschen ein großer Rotfuchs vorbei, der sich einen kurzen Augenblick lang diese merkwürdigen Touristen ansieht, bevor er wieder im Gebüsch verschwindet. Heute haben wir es dann endlich einmal geschafft: Wir stehen mutterseelenallein auf dem Campground. So ganz geheuer ist mir das nach dem gestrigen Abend zwar nicht, aber die unmittelbare Anwesenheit von Menschen in der Lodge ist dann doch beruhigend.

Donnerstag, 21.9.
- 284 Meilen = 454 km -

Kurz nach 8.00 Uhr sind wir abmarschbereit. Heute Nacht hat es einige Regenschauer gegeben, und nun ist es stark bewölkt aber trocken. Die Sicht ist aber noch gut, und man kann sogar noch das Wrangell Gebirge sehen. Außerdem ist es nicht mehr ganz so kalt wie gestern. In einer Zeitung im Supermarkt haben wir gestern gelesen, dass den USA angeblich der strengste Winter seit Jahrzehnten bevorstehen soll. Gegen 9.00 Uhr sind wir wieder auf dem Glenn Highway. Das Wetter hat sich gebessert, und wir haben einen herrlichen Ausblick auf den riesigen Tazlina Gletscher, dessen Eisfeld im Sonnenschein funkelt. Wir durchfahren ein großes Waldgebiet mit spargelähnlichen Engelmannsfichten. Weiter geht die Fahrt an der von der Sonne beschienenen, schneebedeckten Gebirgskette der Chugach Mountains entlang. Immer wieder werden wir zu Fotostops verführt, und die Filmkamera kommt natürlich auch zum Einsatz. Plötzlich endet der bisher gut ausgebaute Highway abrupt und geht in eine schmale Landstraße über, die sich die Berge hinaufschraubt, um sich dann wieder kurvenreich ins Tal zu winden. Sie führt in der Nähe des Ausläufers des Matanuska-Gletschers vorbei. Die Landschaft um uns herum leuchtet in den schönsten Herbstfarben. Die Straße bleibt bis kurz vor Palmer so schmal, nur der Verkehr nimmt zu. Ab und zu tauchen am Straßenrand mehr oder weniger verfallene Häuser auf. Als wir schließlich Palmer erreicht haben, zieht an den vor uns liegenden Berghängen eine seltsame Dunstwolke entlang, und plötzlich erfassen uns heftige Windböen, die unser Wohnmobil zum Schaukeln bringen. Der Wind wird unsere Fahrt bis zum Abend begleiten. Horst hat manchmal ziemliche Mühe mit der Lenkung, da die Böen teilweise sehr stark sind. Der Highway nach Anchorage hinein zieht sich sehr in die Länge, was wir von der Hinfahrt so gar nicht mehr in Erinnerung haben. Schließlich erreichen wir die City und brummen mit unserem Camper mitten durch die verkehrsreiche Stadt auf dem Seward Highway Richtung Süden. Auch hier pfeift uns der Wind heftig um die Ohren, und erst recht, als wir den Turnagain-Arm, einen fjordähnlichen Meeresarm, erreicht haben. Inzwischen hat sich der zuvor blaue Himmel wieder restlos zugezogen. Zum Glück regnet es aber nicht. Der Highway schlängelt sich unmittelbar am Ufer des Fjords entlang. Dieser Meeresarm hat eine der weltgrößten Gezeitenhöhen (bis 10 m!). Überall im Schlick (z. Zt. ist gerade Ebbe) stehen Warntafeln, die auf die Gefahren beim Betreten des Sandes hinweisen. Teilweise handelt es sich um Treibsand, aus dem man sich bei einsetzender Flut nicht mehr retten kann. Hier auf dem Seward Highway herrscht äußerst reger Verkehr, fast so, wie bei uns in Europa. Uns fällt sofort auf, dass die staatlichen Campgrounds hier alle schon geschlossen haben. Eigentlich hatten wir gedacht, dass wegen des höheren Touristenaufkommens auf der Kenai-Halbinsel dort mehr Campgrounds offen sein würden, als oben im Norden. Das kann ja in den nächsten Tagen für uns noch heiter werden. Wo werden wir dann übernachten können? Nach dem Mittagessen am Fjord geht es weiter Richtung Süden. Die Straße zum Portagegletscher, der mit dem gleichnamigen See und seinen darin schwimmenden Eisbergen ein beliebtes Ausflugsziel ist, schenken wir uns, da das gesamte Tal bis fast in Bodennähe durch eine dicke Wolkenschicht bedeckt ist. Nun führt der Seward Highway nur noch wenige Meilen am Meeresufer entlang und macht dann eine Biegung in die Berge hinein. Die Landschaft hier ähnelt nun wieder der der Rocky Mountains. Hinter der nächsten Kurve erwartet und auch wieder dichter, grüner Nadelwald. Aber die vielen Autos ... Als wir die Tern Lake Junction erreichen, biegen wir auf den Sterling Highway ab, der in das bekannteste Lachsfanggebiet Alaskas führt, an den Kenai- und Russian River. Laut unserem Reiseführer herrscht hier während der Hauptwanderzeit der Lachse im Sommer auf dem Highway Stop- and Go-Verkehr, und zeitweise geht sogar gar nichts mehr. Mit anderen Worten: Hier ist dann die Hölle los! Uns reicht der Verkehr eigentlich jetzt schon vollkommen. An den Ufern der Lachsflüsse stehen die Angler in der Saison angeblich Schulter an Schulter und übertrumpfen sich gegenseitig mit ihren gefangenen Lachsen. Schrecklich! In Cooper Landing reiht sich ein Angelcamp an das andere, und wir können uns so ungefähr vorstellen, wie es hier im Sommer aussieht.

Kurze Zeit später biegen wir vom Highway auf eine kleine Nebenstraße ab, die zum Russian-River-Campground führt. Ein Superplatz, und er hat sogar noch geöffnet. Uns ist es auch völlig egal, dass hier mal wieder kein Service (sprich Wasserversorgung oder ähnliches) geboten wird. Dafür können wir umsonst stehen bleiben. Der Campground ist entlang des Russian Rivers angelegt, und wir haben das "seltene" Glück, einen von den 84 freien Plätzen zu ergattern. Mit uns steht nur noch ein einziger Camper hier. Nachdem wir das Wohnmobil abgestellt haben, machen wir noch einen kurzen Spaziergang zum Fluss, an dessen Ufer es fürchterlich nach toten Lachsen stinkt. Überall in Ufernähe und auch im Wasser liegen welche. Wir bekommen nur einen einzigen lebenden Sockeye-Lachs zu Gesicht, der einsam gegen die Strömung des Flusses anschwimmt. Im Wasser werfen zwei Angler ihre Angelschnüre aus und fangen tatsächlich eine prächtige Forelle. Die werfen sie aber wieder ins Wasser zurück, nachdem sie ihren Fang fotografiert haben. Sie wollen einen Silberlachs fangen, den es hier um diese Jahreszeit noch geben soll. Der Russian River ist bekannt dafür, dass sich zur Lachswanderzeit hier Bären am Fluss und auch auf dem Campground herumtreiben. Wir sind leider dafür zu spät gekommen. Als ich abends mein Tagebuch schreibe, stürmt und regnet es.

Freitag, 22.9.
- 143 Meilen = 229 km -

So langsam werden wir zu Langschläfern und werden heute erst gegen 7.45 Uhr wach. Heute Nacht hat heftiger Regen auf unser Dach getrommelt. Aber oh Wunder, jetzt haben wir nur leichte Bewölkung mit blauem Himmel dazwischen. Es scheint ja doch noch ein schöner Tag zu werden, und es ist sogar relativ warm. Unsere Fahrt geht heute in Richtung Homer. Wir sehen überall am Ufer des Kenai-Flusses Angler stehen, die dort ihr Glück versuchen. Offensichtlich ist die Fischsaison hier doch noch nicht zu Ende. Der Highway ist auch heute wieder stark befahren. Uns gefällt es hier aus diesem Grunde ganz und gar nicht, obwohl die herbstlich getönte Landschaft sehr schön ist. Aber das Ganze entspricht einfach ganz und gar nicht unserer Vorstellung von der Einsamkeit Alaskas. Plötzlich taucht am Horizont von einer Minute zur anderen ein schneebedeckter Berg auf, der wie ein Vulkankegel wirkt (später stellt sich heraus, dass es sich wirklich um einen solchen handelt, nämlich den Redoubt Mountain im Lake-Clark-Nationalpark auf der gegenüberliegenden Seite der Kenai-Halbinsel). In Soldotna, einem geschäftigen kleinen Örtchen mit einer vierspurigen (!!!) Straße füllen wir den leeren Wassertank wieder auf und gehen in den für diese Ortschaft riesig dimensionierten Supermarkt, wo es endlich einmal geräucherten Lachs zu halbwegs annehmbaren Preisen gibt. Kurz hinter dem 4.000 Einwohner zählenden Ort wird die Straße dann wieder zweispurig und führt durch dichten Herbstwald, ansonsten hat sie wenig Sehenswertes zu bieten. Sie ist relativ flach, nur hin und wieder sind vereinzelt kleinere Berge am Horizont zu sehen. Später führt die Straße fast unmittelbar am Cook Inlet vorbei. Leider hat sich die Bewölkung mittlerweile verdichtet, und wir haben nur noch eingeschränkte Sicht auf die schneebedeckten Berge des gegenüberliegenden Lake-Clark-Nationalparks. Es ist trotzdem noch ein schöner Anblick, und wir sind froh, dass es nicht regnet. Die Strände des Cook Inlets sind dafür bekannt, dass man schmackhafte Muscheln (Clams) aus dem Sand graben kann. Die russisch-orthodoxe Kirche mit dem kleinen, sehenswerten Friedhof in Ninilchik, einem 1820 erbauten Russendorf, wollen wir erst auf unserer Rücktour besuchen. Gegen 18.00 Uhr erreichen wir das kleine Städtchen Homer, das trotz Saisonende noch sehr geschäftig wirkt. Der Ort ist im Sommer vor allem wegen seiner riesigen Heilbutt-Fänge bekannt. Wenn wir hier keinen Stellplatz finden sollten, werden wir nachher nach Anchor Point zurückfahren, wo es einen Campground am gleichnamigen Fluss gibt, der hauptsächlich von Anglern benutzt wird. Auf dem Weg zum Homer-Spit, einer windumtosten Landzunge in der Kachemak-Bucht, führt die Straße mitten durch einen See, an dessen Ufer zahlreiche Wasserflugzeuge festgemacht haben. Am Ende dieser Landzunge endet der Sterling Highway am Fährterminal, von dem aus man unter anderem nach Kodiak fahren kann. Die Straße wird rechts und links vom Fjord eingefasst. Wir kommen an den üblichen Hafenanlagen vorbei, und auch einen einfachen Campground gibt es hier (eigentlich nur ein Parkplatz). Kurz vor Straßenende sind rechts und links kleine Holzhäuschen auf Stelzen in den Sand gesetzt. Sie sind durch Holzstege verbunden. In ihnen sind Restaurants, Souvenirgeschäfte und vor allem Fisch-Charter-Büros untergebracht. Einige bieten auch Flüge mit garantierter Bärenbeobachtung auf Kodiak-Island oder im Katmai-Park an.

In den Schaufenstern der Chartergesellschaften zeugen Bilder von den beeindruckendsten Heilbuttfängen. Die Tiere sind zum Teil gigantisch groß. Wir können uns kaum vorstellen, dass es so große Fische geben soll. Inzwischen ist die Fischsaison aber auch hier so gut wie zu Ende. Es ist mittlerweile immer grauer geworden und fängt an zu regnen. Da wir die 14 Meilen bis Anchor Point nun doch nicht mehr zurückfahren wollen, zumal wir uns morgen noch ein wenig in Homer umsehen wollen, stellen wir den Camper kurze Zeit später bei strömendem Regen bei "Pier 1" (so steht es auf einem alten verrosteten Eisenschild) auf dem Campground direkt am Cook Inlet ab. Die Atmosphäre hier ist urig, und wir genießen bei prasselndem Regen und Ausblick auf den Fjord unseren geräucherten Lachs bei einem Glas Rotwein. Was geht es uns gut, während die Angler draußen, dick verpackt in Regenzeug und Gummistiefeln am Pier stehen und erst noch ihr Abendessen fangen müssen. Hoffentlich regnet es für die restlichen Tage unserer Reise nicht noch weiter, obwohl das für Alaska und vor allem für die Küste durchaus normales Wetter wäre.

Samstag, 23.9.
- 159 Meilen = 254 km -

Mit nur wenigen Unterbrechungen hat es die ganze Nacht geregnet. Als wir die Rollos hochziehen, reicht die Sicht gerade mal bis zum Wasser. Beim Frühstück mit frisch aufgebackenen Brötchen aus der Mikrowelle trommelt der Regen fröhlich auf unser Wohnmobildach. Nur wir sind darüber nicht gerade begeistert. Am Rand der nahen Lagune stehen schon wieder zahlreiche Angler im strömenden Regen. Wir tanken noch einmal Wasser nach (man weiß ja nie, wo es das nächste Mal etwas gibt) und fahren zum Fährterminal. Seit gestern haben wir unsere 1.400 Freimeilen erreicht und müssen nun für jede gefahrene Meile am Ende unserer Reise 15 Cents dazubezahlen. Bei dem miesen Wetter kommen unsere Regenjacken heute zum ersten Mal zum Einsatz. Eigentlich hatten wir gehofft, sie unbenutzt wieder mit nach Hause nehmen zu können. Aber daraus wird ja nun nichts werden. Beim Stöbern in dem kleinen Buchladen im Einkaufszentrum werden wir natürlich wieder fündig. Als wir bepackt mit Büchern und Kalendern wieder zum Camper gehen, regnet es in Strömen. Um die Mittagszeit verlassen wir Homer wieder. Auf unserem Rückweg haben wir zeitweilig wegen tief hängender Wolken kaum mehr Sicht als 20 m. Nur gut, dass wir gestern noch einige Fotos vom Cook Inlet gemacht haben, heute wäre das unmöglich gewesen. Von der restlichen Fahrt ist aufgrund des schlechten Wetters dann nichts Nennenswertes mehr zu berichten. Es ist und bleibt den ganzen Tag lang nass. Der Rückweg führt uns über den Ort Kenai mit seinen 6.000 Einwohnern.

Wir halten uns dort erst gar nicht lange auf, da es uns viel zu städtisch vorkommt. Dann fahren wir über eine Querverbindungsstraße nach Soldotna. Im Radio habe ich gerade den Wetterbericht für die Kenai-Halbinsel gehört. Das schlechte Regenwetter soll noch bis Dienstag dauern. Na prima, dann werden wir ja auch Seward im Regen erleben. Kurz hinter Sterling halten wir an der East-Fork des Moose River. Es ist ein kleiner, unscheinbarer Bach, der sich da durch das Gras schlängelt, und in dem sich zahlreiche "Red Sockeyes" also rote Lachse, ihren Weg flussaufwärts bahnen. Es ist ein tolles Schauspiel, auch wenn es beständig regnet und wir von oben und unten nass werden. 20 Minuten später haben wir dann wieder den Campground am Russian River erreicht, auf dem heute zu unserem großen Erstaunen zahlreiche Camper stehen.

Sonntag, 24.9.

\- 116 Meilen = 186 km -

Und wieder hat es fast die ganze Nacht geregnet. Am morgen hört es aber ganz plötzlich auf, so dass wir spontan den Entschluss fassen, die Gravelroad an der Seenplatte des Skilak Lakes entlang zu fahren. Das haben wir uns gestern bei dem schlechten Wetter geschenkt. Wenig später entpuppt sich die Strecke am See als eine enttäuschende 20 Meilen lange Gravelroad, die quer durch den Busch geht. Ab und zu kommen wir an Abzweigungen vorbei, die zu einem See führen. Da wir heute aber noch nach Seward wollen, verbringen wir hier keine Zeit mehr, zumal die Sicht wegen tiefhängender Wolken nicht gerade gut ist. Jedenfalls sind wir froh, als wir wieder festen Asphalt unter den Rädern haben. Als wir die Abzweigung zum Seward Highway erreichen, kommen wir bald darauf in eine irrsinnig lange Baustelle. Auf unserer Seite ist kilometerlang der Straßenbelag für eine neue Decke abgetragen worden. Heute scheint unser "Gravel-Tag" zu sein! Dann hört die Rüttelei so überraschend auf, wie sie angefangen hat, und wir können endlich in vollen Zügen die herrliche Herbstlandschaft und die Berge genießen. Am Ptarmigan-Creek-Campground verbringen wir die Mittagspause, dann geht es weiter am blaugrün schimmernden Ausläufer des Kenai-Sees entlang. Damit es uns nur nicht langweilig wird, wieder eine Baustelle. Diesmal mit einer Wartezeit von 15 Minuten. Tief im Wald ist das Röhren von Elchen zu hören. Zu gerne würden wir mal einen mit einem Geweih zu Gesicht bekommen, aber dieses Glück werden wir auch in diesem Urlaub nicht haben. Endlich haben wir dann Seward erreicht und stellen unser Wohnmobil auf dem Parkplatz am Bootshafen ab. Anschließend ist ein Bummel durch das kleine Städtchen an der Resurrection Bay angesagt. Von Seward aus kann man Ausflüge in den Kenai Fjords National Park unternehmen. Die Schiffe fahren teilweise auch jetzt noch, aber dafür finden wir das Wetter einfach zu schlecht. In dem ganzjährig eisfreien Hafen machen hauptsächlich in den Sommermonaten viele Kreuzfahrtschiffe fest. Hier endet die Inside Passage. Außerdem nimmt hier auch die Alaska-Railroad ihren Anfang. Wir entschließen uns nach einem kleinen Hafenbummel, noch das neu eröffnete Seal-World-Center (eine Art Museum über Alaskas Marine-Leben) zu besichtigen. Im Gebäude befinden sich unter anderem große Wasserbecken mit für Alaska typischen Seevögeln, Enten und Seelöwen. Ist schon interessant, aber den Eintrittspreis von 12,50 Dollar finden wir hierfür doch zu hoch. Beim Blick von einer Terrasse über den Fjord sieht man in der Nähe des gegenüberliegenden Ufers seltsame Kräuselungen auf der Wasseroberfläche. Beim Blick durch mein Fernglas bin ich mir sicher, dass dort ein Schwarm Lachse entlang zieht.

Wir werden heute auf dem privaten Bear-Creek-Campground übernachten, der wenige Meilen vor der Stadt liegt. Er ist zwar nicht berauschend schön (auf der Strecke hierher gibt es noch zwei staatliche Campgrounds), erspart uns aber etliche Meilen Gravelroad und die Riesenbaustelle. Und außerdem wollen wir morgen Vormittag noch hier bleiben.

Montag, 25.9. - 42.489 Miles -
- 105 Meilen = 168 km -

Heute morgen ist es ziemlich frisch. Wir werden noch einmal nach Seward fahren, bevor es dann zurück Richtung Anchorage geht. Unsere letzte Nacht im Camper werden wir auf dem Campground am Portagegletscher verbringen. Dort wartet auch das unbeliebte Koffereinpacken auf uns, bevor wir nachmittags das Wohnmobil zurückgeben und unsere letzte Nacht im Hotel verbringen. Wir bummeln noch etwas ziellos durch den wie ausgestorben wirkenden Ort und fahren mittags den Seward Highway zurück in Richtung Anchorage. Noch nirgendwo haben wir so viele Lachsflüsse und -bäche gesehen wie in dieser Gegend. Überall stinkt es teilweise heftig nach vermodernden Fischen. Als wir die Baustelle erreicht haben, setzt mal wieder Regen ein. Bis zum Abend wird es nicht mehr aufhören. Von der landschaftlich schönen Strecke sieht man leider nicht mehr viel. Gegen 17.30 Uhr erreichen wir das Visitor-Center am Portagegletscher und gleichnamigen See, auf dem Eisberge umherschwimmen. Jetzt fehlt hier nur noch die Sonne. Wir müssen uns etwas beeilen, da in einer halben Stunde Ende der Besuchszeit ist. In der Visitor-Info kann man die spannenden Geschichte über die Entstehung von Gletschern und Bilder über den dramatischen Rückzug des Portagegletschers sehen. Diese Bilder sind wirklich beeindruckend, wenn man bedenkt, dass sie über einen relativ kurzen Zeitraum von 10 - 20 Jahren gemacht worden sind. Als das Gebäude geschlossen wird, versuchen wir noch, durch den im Juni neueröffneten Straßentunnel nach Whittier zu fahren, aber schon nach wenigen Kilometern wird unserem Vorhaben durch eine Straßensperrung ein Ende gesetzt. Wir fahren also zurück und bleiben auf dem staatlichen Campground nahe des Sees für unsere letzte Nacht stehen. Hier sind wir wohl nicht die Einzigen, die diese Idee hatten, denn die Plätze sind fast alle besetzt. Unmittelbar hinter unserem Stellplatz ragen hohe Berge mit Gletschern in den jetzt leider wolkenverhangenen Himmel. Wir machen noch einen kleinen Spaziergang über den Campground und stoßen dabei an einem Flüsschen auf eine Holzplattform, die sich als Beobachtungsposten für vorbeiziehende Lachse entpuppt. Jetzt liegen hier nur noch tote Fische herum. Nicht nur unsere, sondern auch die Lachssaison ist zu Ende.

Dienstag, 26.9.
- 58 Meilen = 93 km -

Um 7.00 Uhr ist heute für uns die Nacht zu Ende. Unser letztes Frühstück findet leider bei Regen statt. Doch bald klart sich der Himmel auf, und die Sonne kommt sogar zum Vorschein. Das nutzen wir für die letzten Fotos und Filmaufnahmen noch aus, bevor es ans Packen geht. Zunächst sieht es reichlich chaotisch im Wohnmobil aus, aber dann haben wir auch das geschafft. Die Koffer sind trotz zahlreicher Souvenirs (hauptsächlich in Form von Büchern) sofort zu schließen, was mir persönlich seltsam erscheint, da das bei meinem Koffer bisher nie der Fall war! Dann steht noch ein kleiner Hausputz auf unserem Programm, bevor wir gegen 10.30 Uhr abreisefertig sind. Da die Sonne scheint, fahren wir noch einmal zum nahegelegenen Portage Lake mit seinen Eisbergen, bevor es auf dem Seward Highway am Turnagain Arm entlang Richtung Anchorage geht. Da wir heute besseres Wetter als auf der Hinfahrt haben, können wir noch ein paar Aufnahmen machen. Sogar die blau-gelbe Alaska-Railroad mit einem einzigen Personenwagen fährt heute noch. Mit ihrer Farbe ist sie das Tüpfelchen auf dem "i" in der bunten Herbstlandschaft. Kurz nach 14.00 Uhr sind wir dann bereits in Anchorage und verfahren uns trotz Stadtplans mal wieder. Die Straße, die im Plan als gerade Strecke gezeichnet ist, verläuft in Wirklichkeit kurvenreich und heißt dann plötzlich auch noch anders. Das verstehe, wer will, ich jedenfalls nicht. Wir tanken den Camper voll, lassen die Wassertanks ablaufen und starten unsere Suche nach der Vermietstation von neuem. Diesmal klappt es auf Anhieb, und wenig später stehen wir auf dem Hof von Alaska Panorama. Die Übergabe geht problemlos vonstatten, da es keinerlei Beanstandungen gibt. Wir geben den Camper bei einem Meilenstand von 42.652 ab. Das heißt wir sind in unserem Urlaub 1.845 Meilen = 2.952 km quer durch Alaska gefahren!

Der Sohn der Inhaberin reserviert uns noch ein Hotel in der Stadt (Best Western Golden Lion), dann packen wir Koffer und Handgepäck ins Auto und werden noch bis zum Hotel gefahren. Wir haben Glück und ein Nichtraucherzimmer bekommen, was uns sofort beim ersten Blick riesenhaft erscheint (fast schon ein Tanzsaal, finden wir). Leider liegt das Hotel an einer Seite am Seward Highway und an der anderen an einer ebenfalls sehr stark befahrenen Straße. Es ist also ziemlich laut hier. Zu allem Überfluss dröhnt vor unserem Fenster dann auch noch die Hotelklimaanlage. Ein toller Reiseabschluss, aber vielleicht auch ganz gut, damit man sich wieder an europäische Verhältnisse gewöhnt. Uns reicht es jedenfalls schon nach wenigen Minuten, und wir wünschen uns zurück auf einen der tollen Campgrounds mit der himmlischen Ruhe. Eigentlich wollten wir noch nach Downtown Anchorage, was nicht weit vom Hotel entfernt liegt. Aber bei dem irren Verkehr vergeht uns die Lust. Statt dessen genießen wir nach zwei Wochen die Segnungen der Zivilisation und sehen uns im Fernsehen einen Film über Anchorage an.

Mittwoch, 27.9.

Wegen der dröhnenden Klimaanlage haben wir schlecht geschlafen. Gegen 8.30 Uhr fahren wir mit dem Taxi zum Flughafen. Vor uns haben trotz der frühen Zeit schon einige eingecheckt (der Flieger soll erst um 11.50 Uhr starten). Bei uns dauert es furchtbar lange, bis wir endlich unsere Bordkarten haben. Dass wir unsere Plätze für den Rückflug schon zuhause reserviert haben, scheint die Dame hinter dem Schalter einfach nicht verstehen zu wollen. Aber irgendwann klappt es dann doch noch. Mit einer fast halbstündigen Verspätung starten wir endlich gegen 12.20 Uhr mit einer Boeing 767-300. Die Maschine ist auch heute wieder nicht voll besetzt, aber es bleiben weniger Plätze frei als auf dem Hinflug. Was schief geht, ist die Bestellung meines glutenfreien Essens. Das haben sie einem Passagier der ersten Klasse gegeben, obwohl mein Name darauf stand und sie am Schalter beim Einchecken auch noch extra danach gefragt hatten! Ich werde aber schon nicht verhungern, denn wohlweislich habe ich mir etwas zu essen eingepackt. Auf wundersame Weise bekomme ich dann 10 Minuten später doch noch ein glutenfreies Mittagessen: Riesengarnelen, Zitronenreis und grüner Spargel (das beste Essen, was ich je auf einem Flug gegessen habe!). Ich befürchte allerdings, dass eventuell der Kapitän hungrig geblieben ist! Der Rückflug zieht sich nach unserem Empfinden sehr in die Länge und scheint überhaupt kein Ende zu nehmen. Das liegt sicherlich auch mit daran, dass wir in die Nacht hineinfliegen. Aber irgendwann ist dann auch mal die längste Nacht zu Ende, und wir landen gegen 7.10 Uhr bei diesigem Wetter auf dem Düsseldorfer Flughafen.

Foto: Ragnar Rademacher - alaska-info.de

"Super Fluss, total easy und wunderschön"

"Eigentlich kann uns nicht mehr allzu viel passieren. Immerhin haben wir uns während unserer Tour schon verlaufen, mit dem Kanu verfahren, sind meilenweit durch einen eiskalten Fluss getreidelt, gekentert und Leck geschlagen", stellte ich angesichts der Stromschnellen fest. "Wieso?", antwortete Berti nur ganz trokken, "Das Kanu kann noch in der Mitte durchbrechen" Das ist uns aber – allem sei Dank – erspart geblieben.

Wir hatten uns in Glenallen verproviantiert und im dortigen Bureau of Landmanagement (BLM), zu dem der Gulkana River in Südzentral-Alaska gehört, die "Detailinfos" bekommen. "Super Fluss, total easy und wunderschön", erklärte uns eine nette Dame freundlich. "Topographische Karten braucht ihr nicht und auch sonst ist alles total einfach. Der Fluss ist bei Paddlern sehr beliebt und wir vom BLM machen auch jedes Jahr eine Tour darauf". Nun, sie gab uns zumindest noch eine Broschüre über den Fluss mit. Die Tangle Lakes am Denali Highway waren unser Einsetzpunkt. Wir informierten uns bei der Tangle Lake Lodge noch mal über den Fluss. Die erzählten uns etwas anderes, von wegen total einfach und wie wir denn die Umtragestrecken ohne Karte finden wollten. Wir besprachen noch mal alle Details, aber auch hier konnten wir keine topographische Karte bekommen.

Die Sonne brannte auf uns herab, die Aussicht war herrlich. "Endlich Outdoors", hörte ich Berti sagen. Ich drehte mich um und sah weit hinter mir einen Gletscher, der sich gemächlich hinunter schlängelte. Nach einigen Paddelschlägen war die wenig befahrene Straße nicht mehr wahr zu nehmen. Sanfte Hügel flankierten uns, während wir langsam auf dem Tangle Lake dahinglitten. Ein warmes, zufriedenes Gefühl breitete sich in meiner Bauchgegend aus. Ich sog die Luft genüsslich in mich auf und genoss einfach den Moment. Ein perfekter Start für eine Tour.

Portagen und Biberdämme

Die erste Umtragestelle von etwa 100 Metern war ruckzuck erledigt und wir paddelten weiter auf dem nächsten See. Der sollte eigentlich durch ein Flüsschen mit dem darauf folgenden See verbunden sein, aber das war nicht fahrbar. Mittlerweile mussten wir uns unseren Weg auf dem See durch

Schilf und teilweise dichten Schlamm erkämpfen. Die nächste Schikane bestand aus einigen Biberdämmen, mit denen wir jedoch kurzen Prozess machten: Den Canadier vorne angehoben, auf den Damm gesetzt und drüber geschoben. Das Ganze drei- oder viermal. Irgendwann erreichten wir das See-Ende und fanden nach einigem hin und her einen geeigneten Umtrageweg. Oft sah alles gleich aus und aus einem anderen Blickwinkel gab es wieder einen optimaleren Weg. Und dann das Laufen mit dem Kanu auf den Schultern, Null-Sicht und durch teilweise dichten Busch oder noch besser, durch etwas moorige Teile. Das war auch irgendwann geschafft, es kam der nächste See und direkt die nächste Umtragestelle.

Naja, macht auch nichts. Jetzt war jedenfalls Zeit das Zelt aufzubauen. Und morgen ist ja auch noch ein Tag. Wir kletterten mit unseren Sachen die Uferböschung hinauf und suchten nach einem netten Platz für unser Zelt. Doch vorher stiegen wir auf den Hügel direkt daneben, um uns zu orientieren. Na da schau her. Der gesuchte See lag direkt zu unseren Füßen. Seine Wasseroberfläche glitzerte in der Abendsonne. Die Konturen erinnerten mich an ein Puzzlestück und so taufte ich den namenlosen See "Puzzle Lake". So hatten wir uns also eine zusätzliche Portage eingehandelt. Hält fit, wenn man gerade nichts anderes vor hat.

Es war kein Wölkchen am Himmel über der baumlosen Tundra, was bedeutete, dass wir eine tolle Sicht auf die Seen hatten und es recht kühl wurde. Am nächsten Morgen war etwas Wasser in einem unserer Töpfe gefroren. In dieser Nacht hörte ich die klagenden und ein wenig melancholischen Schreie der Loons, Eistaucher – wie sie typisch für die meisten Seen im nördlichen Nordamerika sind. Der Morgen begann mit Schleppen und Wandern. Auf einmal entdeckten wir sogar andere Kanuten, die einen etwas kürzeren und besseren Weg gewählt hatten. Aber schließlich waren auch wir am Ziel dieser Umtragestelle.

Auf dem Puzzle Lake verpaddelt?

Wir glitten über den spiegelglatten Puzzle Lake auf das Ufer zu, von dem wir meinten, dass es dem Dickey Lake am nächsten liegen würde. Aber auch hier waren keine Anzeichen ersichtlich, die den Ausgangspunkt einer Portage kenntlich machten. Wir fingen an, an den Worten der BLM-Dame zu zweifeln. Wir hofften, so wie versprochen, den gesuchten See von einem der Hügel sichten zu können. Vom ersten Hügel war nichts zu sehen. Vom zweiten auch nicht. Hatten wir uns denn schon wieder verpaddelt? Aber die Konturen sahen doch genauso aus, wie die auf der Skizze. Wir liefen kreuz und quer durch die Umgebung, verloren uns dabei aus den Augen. Der Besitz einer topographischen Karte hätte einiges erleichtert. Langsam merkte ich, wie mein Entdeckersinn nachließ. Da hörte ich aus der Ferne Motorengeräusch. Ein Flugzeug kam aus einem Tal heraus. Man hatte uns erzählt, dass am Dickey Lake ab und zu Wasserflugzeuge landen und starten würden. Auf meiner Suche nach Berti fand ich erst einen Pfad, der auf dem Kamm des Hügels entlang lief und anschließend ihn. Wir folgten dem Pfad in die Richtung, aus der das Flugzeug gestartet war.

Und auch hier gab es wieder tausend verschiedene Wege. Also dort wo wir aus dem See gestiegen sind gelagert und zumindest schon mal das Kanu rüber geschleppt. Zuerst mussten wir einen steilen, etwa 50 Meter hohen Hügel bewältigen. Dann ging es auf einem Pfad einen Grat entlang, von dem sich alle zehn Meter wieder andere Elch- und Karibupfade verzweigten, was ich aber meistens erst ziemlich spät entdeckte, nämlich wenn wir diesen Pfaden rund 30 Meter gefolgt waren und sie plötzlich aufhörten (ich vertrete seitdem die Meinung, dass zumindest einige Elche und Karibus fliegen können müssen). Ich lief vorne und hatte das Kanu auf den Schultern liegen, während Silke hinten unter dem Kanusitz buckelte und schleppte. Alle 50 Meter musste ich das Kanu mal anheben, um überhaupt zu sehen, wo wir gerade lang liefen. Zu diesem Zeitpunkt dachte ich noch, das wäre der Grund, warum es 'Kanuwandern" heißt. Später wurde ich eines besseren belehrt.

Der nächste Morgen hielt etwas Regen für uns bereit. So recht wollte von uns keiner aus dem kuscheligen Schlafsack kriechen. Etwas später ließ der Niederschlag nach und wir fingen an, unsere Sachen zusammenzupacken. Wir ließen die Sachen zurück, die Berti am einfachsten allein hoch tragen konnte - angetrieben von dem Wissen, dass unser Frühstück dort oben auf uns wartete. Der Versuch, alles in einem Rutsch zu unserem Kanu zu tragen schlug fehl. Und so liefen zwei durch Moskitonetze über den Köpfen geschützte Gestalten wie zwei Wasserträger über das Hochplateau der Alaska Range. Beide nutzten wir unser Stechpaddel, um es über die Schultern zu legen und an je einer Seite, einen Kleidersack zu tragen. Die sperrige Tonne mit unseren Lebensmitteln wurde kurzerhand zwischen beide Paddel gebunden und gemeinsam geschultert.

Wo geht es hier zum Fluss?

Zu guter letzt war die Schlepperei vorbei, wir waren endlich mit allem Gerödel an diesem verflu ... Dickey Lake, setzten ein und paddelten los. Mist, ich konnte den rechten Arm kaum bewegen. Bei der Schlepperei habe ich mir wohl irgend einen Nerv im rechten Arm eingeklemmt oder so etwas. Ich konnte ihn nicht belasten und bei bestimmten Bewegungen gehorchte er einfach nicht. So paddelten wir recht langsam an einer Hütte mit einem Wasserflugzeug vorbei, an der jemand werkelte. Nach kurzer Zeit stellte Silke fest, dass wir uns nicht im richtigen Teil des Sees befanden und wir paddelten zurück. Der freundliche, ältere Herr an der Hütte zeigte uns den richtigen Weg, fragte uns jedoch, wie wir bei dem Niedrigwasser denn die ersten Meilen des Flusses machen wollten. Wird schon nicht so schlimm sein, dachten wir uns beide. War es aber.

Wie hatten wir uns gestern erst danach gesehnt, endlich auf dem Fluss zu sein. Jetzt, als er vor uns lag, erinnerte mich das Rinnsal eher an unseren Dorfbach zu Hause, als an die Erfüllung meiner Paddelträume. Nicht einmal anderthalb Meter breit, plätscherte der Anfang der Middle Fork des Gulkana Rivers aus dem See hinaus. Doch er schien tief genug zu sein, um uns und das Kanu transportieren zu können. An einigen Stellen hörten wir zwar ein nicht gerade verheißungsvolles Knirschen, wenn wir über den Grund schubberten, aber die Kraft der Strömung zog uns mit sich weiter. Ich hatte alle Hände voll zu tun, um uns um die vielen kleinen Kurven zu steuern. Das erste Glücksgefühl und die aufkeimende Hoffnung nahm ein jähes Ende, als es vorne rumste und wir in der Kurve fest steckten. Der über fünf Meter lange Canadier klemmte wie ein Keil zwischen den beiden Uferseiten. Wir bugsierten ihn schließlich aus der misslichen Lage um die Kurve. Wer seinen Kahn liebt, schiebt.

Wir brauchten auch gar nicht mehr groß einsteigen, da der Fluss zu flach wurde. Mal mussten wir das Kanu mit aller Kraft über irgendwelche Steine zerren, dann wieder ging es ab wie Hölle und wir durften es mit aller Kraft bremsen. Zwischendurch versuchten wir immer noch mal, uns rein zu setzen und zu paddeln, aber 15 Meter weiter war spätestens Schluss. Einmal stützte ich mich beim Reinspringen auf dem rechten Arm ab, doch der knickte einfach weg. Aber es gab auch positive Seiten: Dadurch, dass der Fluss so wenig Tiefgang hatte, konnten wir einige der großen, roten Königslachse sehr gut sehen, obwohl der Hauptrun schon vorbei war.

Den Zeltplatz frei sägen

Wir gestanden uns ein, dass wir beide schon etwas länger nach einem geeigneten Zeltplatz Ausschau gehalten hatten. Doch seit dem wir den Fluss erreicht hatten, war nichts dergleichen in Sicht gekommen. Die Ufer waren soweit das Auge reichte von zum Teil hüfthohen Büschen überwuchert, die bis ans Wasser wuchsen. Widerwillig und höchst ungern rangen wir uns zu der einzigen, uns als richtig erscheinenden Lösung durch. Berti machte sich mit der kleinen Säge seines Taschenmessers daran, einen kleinen Platz für unser Zelt zu roden, während ich mich um das Abendessen kümmerte. Er schnitt gerade mal soviel Buschwerk ab, dass das Zelt so eben aufgestellt werden konnte. Ohne Apside.

So ging es am nächsten Tag halt weiter mit dem 'Kanuwandern". Hinter jeder Biegung, hofften wir, musste doch das Ende dieser Wanderstrecke kommen. Bei einer Pause flatterte es plötzlich in der Luft um uns herum. Wir standen etwa zehn Meter vor einem Weißkopfseeadlernest mit einem schon recht großen Jungvogel und die Eltern schwirrten aufgeregt umher. Dann mussten wir mit dem Kanu sogar durch einige Stromschnellen gehen. An einer Stelle reichte das Wasser gerade über die Füße, an der nächsten bis zum Bauch. So wurden wir recht ungleichmäßig mit Kälte versorgt. Doch die Kälte des Wassers – das Wetter drum herum war auch nicht mehr viel besser – hatte auch ihr Gutes: Die ganzen Schrammen, Risse und Beulen, die wir uns bei einigen Stürzen und Ausrutschern auf den spitzen Steinen zuzogen, bemerkten wir kaum. Die wurden schließlich gut gekühlt. Endlich war dieses Martyrium zu Ende und wir konnten paddeln.

Dieser Zustand hätte uns beinahe an unserem Lagerplatz vorbei schießen lassen. Es war bemerkenswert, wie schnell und kraftvoll die Strömung trotz des niedrigen Wassers war. Die Landschaft hatte sich fast unmerklich geändert. Der Fluss war breiter geworden, die großen Steine des Flussbettes waren von feinerem Kiesel verdrängt worden. Zwischen den niedrigen Sträuchern standen Bäume. Die Abendsonne versuchte, uns für unsere Unannehmlichkeiten zu entschädigen. Das Lager, dass wir entdeckt hatten, schien ein Fischcamp zu sein. Die Saison schien vorbei. Dieser Umstand hatte uns wahrscheinlich auch bisher davor bewahrt, in einen Bären hinein zu laufen, der hinter jeder Kurve, für uns bis zum letzten Moment unsichtbar, hätte stehen können. Anzeichen für die Anwesenheit von Bären waren überall gegenwärtig.

Der Limbokönig tanzt ins Wasser

Der nächste Morgen stand im Zeichen schönen Wetters und entsprechend motiviert paddelten wir los. Mein Arm hatte sich einigermaßen erholt und wir machten richtig Strecke. Sonnenschein, schöne Landschaft und immer noch einige Lachse. Ich saß vorne übrigens auf der Lebensmitteltonne, da der Kanusitz raus gerissen war. Bei dicken Steinen im Fluss gab ich Silke nur die Anweisungen "rechts" oder "links" durch und wurde zu "King Tonno" ernannt. Kamen wir einmal an einen Sweeper – ein schräg und mehr oder weniger knapp über den Fluss ragender Baum – "tanzte" ich in bester Limbomanier darunter weg. Es kam der x-te Sweeper, ich bereitete meinen Limboeinsatz vor, der Baum kam näher, aber ich nicht mehr darunter weg. Ich versuchte noch die Äste weg zu biegen, aber es machte nur noch "platsch" und der alaskanische Limbokönig lag im Wasser und das Kanu war voll gelaufen.

Da tauchte Berti auch schon aus den Fluten auf und beglückte mich mit einem umwerfenden Gesichtsausdruck, der mir vor Lachen die Tränen in die Augen trieb. Wir zogen das U-Boot an Land und legten uns mal wieder trocken. Ein Tag ohne nasse Füße, wäre auch kein guter Tag gewesen! Am Ufer entdeckten wir Wolfsspuren. Anscheinend waren wir doch nicht so allein, wie wir dachten. Nicht gerade zu unserem Erstaunen, stellten wir fest, dass unser Kanu aufgrund all der Strapazen Wasser aufnahm und mussten uns alle halbe Stunde von dem über"flüssigen" Ballast befreien.

Silke beschloss das nicht länger zu tolerieren und wir stoppten an einem ziemlich üblen Lagerplatz mit zahlreichen Black Flies. Nach dem Zeltaufbau und dem Essen ging sie den Löchern mit "Ductape", hierzulande besser als Panzerband bekannt, erfolgreich zu Leibe. Nachts wurde ich plötzlich geweckt. "Da ist ein Tier draußen", sagte Silke. 'Korrekt', stellte ich nach einigem Horchen fest, da lief etwas durch das Wasser. "Ich leuchte mal mit der Taschenlampe hin", war mein nächster Vorschlag. "Nein, besser nicht, das könnte das Tier erschrecken", lautete die Antwort. Nun, das letzte was ich in Alaska machen wollte, war Tiere zu erschrecken. Stille. Plötzlich ein erneutes Rauschen im Wasser und damit einhergehend ein heftiger Schlag gegen meine Schulter sowie die leicht hysterische Bemerkung: "Da ist es wieder". Mist, ich war schon fast wieder eingeschlafen. "Ja und?", lautete mein etwas genervter Kommentar. "Ich muss mal", kam es zurück. Unverkennbar machte sich auch bei mir ein leichter Druck auf der Blase bemerk-

bar. Also aufgerappelt, das Zelt aufgemacht und rüber geschrieen: "Los, du blöder Elch oder Bär verpiss dich, sonst mach ich das". Problem beseitigt.

Im Sinnesrausch der Natur

Der Morgen war etwas diesig, doch kein Lufthauch regte sich und das Wasser lag glatt, wie ein Spiegel vor uns. Langsam glitten wir durch die ruhige Landschaft. Das flache Gelände war einer Hügellandschaft mit Baumbewuchs gewichen. Die glatte Wasseroberfläche spiegelte jedes einzelne Detail wieder. Wir wanderten zwar nicht durch diese Schönheit der Landschaft, doch viel schneller waren auch wir nicht unterwegs. Die Wasserspiegelung schloss einen Kreis um uns herum und die Schönheit dieser Landschaft, dieses Morgens, nahm mich auf seine Weise gefangen und fesselte mich.

Wir entdeckten auf der groben Karte des BLM was Neues: Hinter den umzutragenden Stromschnellen der Klasse III bis IV im Canyon, sollte es noch einmal neun Meilen mit Stromschnellen der Klasse II bis III geben. Eine gelinde Überraschung. Aber dort sollte es - laut Karte - auch eine Zugangsstraße geben, über die wir notfalls entweichen könnten. Wir paddelten durch die friedlich wirkende Landschaft und sahen sehr viele Enten, Gänse und zahlreiche Schwäne. Einer lief mit patschenden Füßen über das Wasser direkt auf uns zu. "Patsch, patsch, patsch" machte es und Schwäne brauchen eine recht lange Startbahn, aber schließlich gelang es ihm doch noch rechtzeitig abzuheben.

Am frühen Nachmittag erreichten wir den Zusammenfluss unseres Middle Fork genannten Flussabschnitts mit dem Hauptstrom, der vom Paxson Lake herunter kommt. Kurz darauf fielen die ersten Regentropfen. Der Charakter des Flusses hatte sich erneut verändert. Er war nun breit und dicke Felsbrocken versteckten sich unter der Oberfläche, immer bereit, sich in das Boot zu rammen, wenn sie nicht rechtzeitig ausgemacht würden. Einige Zeit später fragte ich Berti ungläubig, ob er auch sehen würde, was ich gerade sah. Erst verwarfen wir den Gedanken, einigten uns aber dann doch darauf, dass es hier wohl geschneit hatte. Die Uferböschungen und so weit das Auge reichte, war alles mit einer feinen, dünnen Schneeschicht überzogen.

Erster Schneefall

Und das Mitte August. Am frühen Abend erreichten wir die Canyon Rapids. Rund 300 Meter schoss und brodelte das Wasser durch den etwa 15 Meter breiten Canyon. Für uns und unseren "Frachter" unfahrbar. Doch auch dahinter ging es noch munter weiter, aber es schien mir machbar. Die Zugangsstraße stellte sich als sechs Meilen langer Wanderweg durch mooriges Gelände heraus. Mit Aufhören war es also nichts. Silke konnte sich mit der Durchfahrt der Stromschnellen hinter dem Canyon noch nicht so recht anfreunden. So kochten wir uns was und gingen früh schlafen, ohne unser Gerödel umzutragen. Der nächste Morgen begann mit Regen, so dass wir erst mal bis Mittag in Sack und Zelt blieben. Als wir gerade aufstanden, kamen die Rafter an, die wir am Vortag überholt hatten. Sie besichtigten den Canyon und verabschiedeten sie mit einem "Tell our mums, that we love them". Wir beobachteten ihre kurze, aufregende und problemlose Durchfahrt.

Anschließend umtrugen wir die Canyon Rapids, deren Durchfahrt für Kanuten verboten ist und setzten dahinter wieder ein. Die Fahrt durch den anschließenden Devils Canyon war äußerst kurzweilig. Wir schossen zügig auf dem Wasser dahin. Manchmal zu schnell, um einem Hindernis noch rechtzeitig auszuweichen. Ich saß vorne, versuchte Anweisungen zu geben, sobald ich eines dieser heimtückischen Biester unter der Oberfläche aufblitzen sah, aber oft war es einfach schon zu spät. Dann krachten wir gegen einen der Felsen, schrabbten an ihm entlang und wurden etwas herum geworfen. Als wir einmal sogar direkt über einen flachen Felsbrocken hinweg sausten und uns mittig mit dem Kanu darauf verfingen und festsaßen, war ich beinahe sicher, dass Bertis Prophezeiung eintreten würde. Wir schaukelten das Kanu langsam und vorsichtig von links nach rechts und umgekehrt und sausten auch schon weiter.

Hinter einer Biegung trafen wir unsere Rafter wieder, die sich zu einer Pause an einer flachen Stelle mitten im Fluss einen Klapptisch gestellt hatten und stilvoll dinierten. Nach anstrengenden, aber interessanten neun Meilen wurde der Fluss langsamer. Geschafft! Auf den nächsten Kilometern sahen wir rund 100 Weißkopfseeadler auf den Bäumen der Steilufer. Es waren erstaunlich viele Jungvögel dabei. Sie lagerten hauptsächlich an Biegungen an denen verendete Lachse angeschwemmt wurden. Entsprechend roch es dort auch.

Ende an der Alaska Pipeline

Am späten Abend erreichten wir den Sourdough Campground. Er liegt unmittelbar hinter einer Brücke der Alaska Pipeline. Müde und ein bisschen wehmütig, dass alles vorbei war, bauten wir unser Zelt auf und legten uns schlafen. Froh, dass außer ein paar Schrammen und blauen Flecken nichts ernsthaftes passiert war. Am nächsten Morgen unterhielten wir uns mit einer BLM-Angestellten, die auf dem Campingplatz arbeitete. Als wir ihr erzählten, dass wir von den Tangle Lakes kamen, gratulierte sie uns: Wir seien die Ersten, die es in diesem Jahr von dort bis hierher geschafft hatten. Wir wussten warum!

Berthold Baumann hat darüber hinaus veröffentlicht:

Berge können nicht Kanu fahren - Abenteuer-E-Mails aus dem kanadischen Yukon Territorium
ISBN 3831115427

Fotos + Titelfoto: Debbie Siebert

Herbst in Alaska

Erster Teil unserer Reise
Dalton Highway, Brooks Range und Gates of the Arctic National Park

Alaska zieht uns immer wieder in seinen Bann. Zum 3. Mal besuchen wir gemeinsam den 49. Bundesstaat von Amerika. Diese Mal wollen wir unter anderem weit über den Polarkreis hinaus Richtung Norden fahren. Der Dalton Highway, eine Versorgungsstraße, die bis nach Prudhoe Bay am Arktischen Ozean führt, begleitet die Ölpipeline auf seinen 666 Kilometern. Erst seid 1995 ist es auch für Privatfahrzeuge erlaubt, diese staubige Schotterstraße zu befahren.

Nachdem wir in Anchorage Proviant eingekauft haben, fahren wir Richtung Fairbanks und Livengood, wo der Dalton Highway, die nördlichste Straße des amerikanischen Kontinents, beginnt. Wir sind froh, dass uns unser Freund Rick, ein bärtiger Alaskaner, seinen Allrad-Pickup zur Verfügung stellt, denn jetzt im September kann es in der Brooks Range, dem nördlichsten Teil der Rocky Mountains, jeden Tag den ersten Schnee geben. Und mit einem Geländewagen hätten wir es dann sicherlich leichter. Doch wir haben Glück und die Sonne erwärmt die Luft bis auf angenehme 12 Grad Celsius.

Viele Lastwagen kommen uns hier entgegen - oder überholen mit hoher Geschwindigkeit. ”Den Trucks weicht man am besten immer frühzeitig aus”, sagt Rick, der hier selbst für ein paar Jahre Versorgungsgüter bis Prudhoe Bay gefahren hat. ”Die bremsen nicht für so einen kleinen Pickup wie unseren”. Also fahren wir so weit wie möglich rechts ran und beobachten, wie kleine Steinchen auf unsere Windschutzscheibe prasseln. Prompt haben wir einen ersten Steinschlag in der Scheibe. ”Das macht nichts”, lacht Rick, ”da kommen noch mehr dazu.”

Bis Coldfoot fahren wir an diesem Tag, wo wir uns im Wald ein ‚Base Camp’ einrichten. Von hier aus wollen wir unsere Unternehmungen starten. Rick hat alles mögliche an Camping-Kram mitgenommen: Ein Riesenzelt, Stühle, einen Campingtisch, Angelausrüstung, einen riesigen, ausklappbaren Gasherd mit 3 großen Kochfeldern und viele Boxen mit viel zu viel Essen! Wir werden fett nach Anchorage zurückkehren!

Am nächsten Tag fahren wir bis ca. 170 Meilen über den Polarkreis hinaus, bis die Berge der Brooks Range zu Hügeln werden und die Tundra beginnt. Unter anderem sind wir am "Last Spruce Tree on the Trans Alaska Pipeline Road" vorbeigefahren, und Rick hat aus Spaß eine kleine Handsäge aus dem Auto geholt und so getan als ob er den Baum fällen wollte.

Wir fahren durch einige Road Constructions (Baustellen). Der Dalton Highway wird durch die Trucks stark beansprucht und muss deshalb ständig ausgebessert werden; und im Winter wird sogar der Schnee von der Straße geräumt, denn einen anderen Versorgungsweg zu den Ölfeldern im Norden gibt es nicht. Per Flugzeug wäre es zu teuer und mit dem Schiff geht´s auch nicht, weil Prudhoe Bay keinen eisfreien Hafen hat. Deshalb ist ja auch die Idee für die Pipeline entstanden. Bis zum Hafen von Valdez wir das Öl durch die Pipeline gepumpt. Das sind immerhin 800,3 Meilen! Ein bauliches Wunder, das Steigungen bis 4739 feet und 834 große und kleine Flüsse überwindet. Fast die ganze Zeit können wir die meistens überirdisch gebaute Pipeline von der Straße aus sehen.

Zu Beginn einer der Bausstellen hält uns wie üblich eine Frau mit Stop-Schild an, die uns mitteilt, dass das ‚Pilot Car', das uns durch die Baustelle fahren soll, noch 15 Minuten auf sich warten lässt. Damit uns die Zeit des Wartens nicht zu lang werden soll, gibt sie uns ein paar Lollies. Hat man sowas an einer deutschen Baustellenampel schon mal erlebt?

Zur Zeit ist Jagdsaison. Deshalb sehen wir leider kein einziges Caribou; die halten sich jetzt lieber in sicherer Entfernung von der Straße auf. Doch beim Atigun Pass, dem steilsten Stück des Dalton Highway, sehen wir eine kleine Gruppe Dall Schafe.

Zurück in unserem Base Camp, sitzen wir am Lagerfeuer, genießen Barbeque-Hähnchen und lauschen in die Natur hinein. "Kein Telefon, überhaupt nichts - nur der beste Stereo-Sound, den du kriegen kannst", sagt Rick und lächelt verschmitzt.

Als wir in unsere Schlafsäcke kriechen, ist die Temperatur schon unter Null Grad Celsius gefallen. Ich bin froh, dass ich mir vor unserer Reise einen Fleece-Innenschlafsack besorgt habe.

Am Morgen packen wir ein bißchen Proviant in unsere Rucksäcke und folgen einem Bach stromaufwärts. Es ist ein schmaler, oftmals zugewachsener Pfad. Dieses Gebiet gehört einem Goldsucher, der hier in den Sommermonaten seine Freizeit verbringt. Als der Pfad im Nichts zu enden scheint, wählen wir einen imaginären Weg, immer in Richtung der Spitze eines Berges. Dort wachsen zunächst eine Menge Spruce Trees (Tannenbäume) und Birken, doch je höher wir wandern auch Büsche und Sträucher mit Blaubeeren. Über die Baumgrenze hinaus ist alles mit Moosen und Flechten bedeckt. Jetzt im Herbst zeigt sich alles in prächtigen Rot- und Gelbtönen. Abends zurück im Camp bereitet Rick für uns in seinem Coleman-Camping-Gasofen (ja, wirklich, das gibt´s!) gefüllte Paprika zu.

Auch am darauffolgenden Tag haben wir Glück mit dem Wetter. Laut Rick liegt dies daran, dass er seine ‚chicken bones' geworfen habe. Nach einem reichlichen Frühstück wollen wir heute versuchen ein paar Fische zu fangen. Wir wandern entlang des Jim Creek und werfen unsere Angeln an verschiedenen Stellen aus. Doch wir haben kein Glück; wir sind zu spät dran - die Lachse sind schon durchgezogen. "Macht nichts", sagt Rick, der das Fischen liebt, "ich weiß wo wir Fische fangen".

Zweiter Teil unserer Reise
Nabesna Road, Wrangell St.Elias National Park

Im Wrangell St. Elias National Park waren wir bei unserem letzten Besuch in Alaska schon einmal, allerdings auf der Südseite der bis zu 5000 m hohen Gebirgskette; auf der McCarthy Road, die zur Kennicott Copper Mine führt, einer ehemaligen Kupfermine.

Dieses Mal wollen wir auf der Nordseite der Wrangell Mountains sozusagen das "Gegenstück" zur McCarthy Road, die Nabesna Road, befahren.

Während wir Richtung Nabesna fahren, sehen wir zur Rechten die schneebedeckten Berge der Wrangell Mountains. Manchmal kreuzen wir mit unserem Ford-Pickup knöcheltiefe Bäche, die direkt über die Schotterstraße fließen. Für unser Auto aber kein Problem. "Manchmal ist hier von der Straße nichts mehr zu sehen", erzählt Rick. "Während der Schneeschmelze im Frühjahr und bei starken Regenfällen wird die Schotterstraße einfach weggeschwemmt."

Schließlich kommen wir im kleinen Ort Nabesna an. Die Straße endet hier. Also stellen wir unser Auto ab, schultern die Rucksäcke mit Proviant und unserer Fotoausrüstung, und wandern einen Weg bergauf. Am Ende erwartet uns eine schon lange verlassene Goldmine. Der Boden ist hier Quecksilber-verseucht. Früher nutze man das giftige Quecksilber, um das Gold aus dem Gestein zu lösen. Viele Minenarbeiter sind daran erkrankt. Überall liegen rostige Tonnen und Werkzeuge herum. Schön zum fotografieren, aber eben alles quecksilberverseucht.

Am Lagerfeuer schlürfen wir unseren heißen Tee - diese Nacht wird wieder eisig kalt werden. Am Morgen liegt frischer Schnee auf den Bergspitzen, und die Schneefallgrenze ist ein Stück tiefer gerückt.

Als wir wieder in Anchorage sind, haben wir 1866,5 Meilen zurückgelegt: Dalton Highway, Fairbanks, Glennallen, Nabesna und zurück nach Anchorage, unserem Ausgangspunkt. Doch das soll noch lange nicht alles sein. Rick hat nicht vergessen, uns zu zeigen, wo man Fische fangen kann. Für drei Tage fahren wir zu seiner "'Cabin' in Willow, nicht weit von Anchorage entfernt. Seine Mutter und seine Großeltern haben hier früher gewohnt. Dort fischen wir den ganzen Tag und fangen Lachse und Regenbogenforellen. Mmmh, lecker!

Dritter Teil unserer Reise
Wandern im Denali National Park

Wie jedes Mal lohnt sich für uns ein Besuch im Denali National Park.

Der Denali Park ist kein umzäuntes Gebiet. Dieser 24.000 Quadratkilometer große Nationalpark Alaskas mit seinem 6194 Meter hohen Mount McKinley bleibt trotz der hohen Besucherzahlen ein ungestörtes Biotop, in dem jeglicher Eingriff des Menschen z.B. durch Jagen oder Fütterung der Wildtiere, untersagt ist. Nur eine Schotterstraße führt als 136 Kilometer lange "Sackgasse" in das Naturschutzgebiet. Ausrangierte Schulbusse fahren die Besucher durch den "Park". Selbst von der Straße aus hat man fast immer das Glück, viele verschiedene Tiere zu entdecken: Caribous, Elche, Dall Schafe, Adler, Erdhörnchen, Bären und manchmal sogar einen Vielfraß oder Wölfe.

Wir wollen ab von der Schotterstraße in der Wildnis des Denali Parks wandern. Hierzu benötigen wir ein ‚Backcountry Permit'. Verglichen mit der großen Fläche des Parks, wird nur eine geringe Anzahl von Wanderern geduldet und so hoffen wir eine Erlaubnis zu bekommen.

Zunächst gehen wir in das Besucherzentrum, um uns anzumelden. Der Park ist in verschiedene Abschnitte eingeteilt, die nummeriert sind. In einem Buch, das im Besucherzentrum ausliegt, können wir uns über Vegetation und häufig vorkommende Tierarten in jedem einzelnen Abschnitt informieren. Wir entscheiden uns für Unit 13 und 18.

Ein Videofilm informiert uns über das Verhalten bei Begegnungen mit Bären und die Gefahren beim Durchwaten von Flüssen. ”Es gibt immer noch Leute, die einen Bären für ein Kuscheltier halten”, sagt der freundliche Ranger hinter dem Informations-Tresen. ”Auch die Gefahr eines plötzlichen Wetterumschwungs wird manchmal nicht ernst genommen. Die Natur hat hier ihre eigenen Regeln und um diese Jahreszeit kann es jeden Tag anfangen zu schneien.”

Am nächsten Tag soll es nun also losgehen. Wir sind aufgeregt und so schlafen wir recht unruhig in dieser kalten Nacht. Doch was für ein Glück - gegen 4 Uhr in der Nacht tanzen für uns die Nordlichter am Himmel. Grüne und manchmal ein paar rote Lichter bewegen sich wie eingefärbte Nebelschwaden über den gesamten Nordhimmel hinweg, verharren, bewegen sich langsam und dann wieder schnell, bis sie verschwinden und nichts hinterlassen als einen schwarzen Nachthimmel mit seinen Sternen.

Am Morgen sind wir bereit für unser kleines Abenteuer. Wir sind zwar schon zum dritten mal hier, aber jedesmal sind wir aufgeregt. ”Und jedes mal sind unsere Rucksäcke zu schwer”, sagt Thorsten, während er überlegt, welches der zahlreichen Objektive aus seiner Kameraausrüstung zu entbehren wäre.

Der Camper Bus (das ist der Bus für diejenigen, die mit großen Rucksäcken unterwegs sind und deshalb nur zur Hälfte mit Sitzbänken bestückt ist), nimmt uns am Riley Creek Campground auf, um uns bis zum Wonder Lake zu bringen.

Auf dem Weg durch den Park sehen wir immer wieder den Mount McKinley. Weiß, kalt und klar zeigt er sich heute - ohne Wolken um sein Haupt. Selbst die Busfahrerin, die hier schon einige Jahre auf dieser staubigen Straße fährt, hat den Berg noch nie den ganzen Tag lang so strahlend und ohne Wolkenkranz gesehen. ”Meistens zeigt sich Mount McKinley dem Besucher überhaupt nicht, und wenn dann nur für ein paar kurze Stunden oder sogar nur ein paar Momente. Schnell versteckt sich der riesige, eisige Berg wieder hinter Wolken”, sagt die Busfahrerin. Doch wir haben Glück.

Am Wonder Lake Campground angekommen, bauen wir unser Zelt sozusagen ”am Fuße des Mount McKinley” auf. Das Panorama ist einfach überwältigend! Bis es dunkel wird sitzen wir zwischen Blaubeerbüschen und beobachten, wie die

Sonne den Schnee des Mount McKinley manchmal orange einfärbt, dann wieder gelb oder rot bis hin zu Flieder- und Blautönen.

Die Nacht wird kalt und am Morgen warten wir ab, bis die Sonnenstrahlen das Eis auf unserem Zeltdach auftauen. Dann packen wir die Rucksäcke für unsere 3-tägige Wanderung. Der Camperbus wird uns an einer geeigneten Stelle des Gebiets Nr.13 absetzen.

Nach einem steilen Abstieg von der Schotterstraße bis hinunter in das breite und steinige Flussbett, sehen wir eine kleine Herde Caribous. Zunächst laufen sie weg als sie uns erblicken. Doch da wir uns ganz ruhig verhalten, kommen sie zurück. Caribous sind sehr neugierig. (Die Alaskaner sagen, sie seien dumm.)

Nachdem wir ein paar Mal kleine Flüsse durchwatet haben, kommen wir in ein schmales Tal. Auf der Karte haben wir uns eine Route ausgesucht, die einem Bachlauf folgt. Rechts von uns zieht sich die hügelige Endmoräne des Gletschers entlang, zur Linken "umrunden" wir Mount Eilson, der sich in prächtigen roten und gelben Herbstfarben und mit einer schneebepuderten Bergspitze präsentiert.

Bald ist es Zeit sich einen guten Zeltplatz zu suchen. Wir achten darauf, einen Platz zu wählen, der zum einen windgeschützt ist, aber auch einen guten Überblick in alle Himmelsrichtungen gibt, damit man das Näherkommen eines Bären schon von Weitem erkennt. Eine ganz optimale Stelle können wir für die Nacht nicht finden, schließlich befinden wir uns in einem schmalen Tal. Wenigstens einigermaßen windstill erscheint der Platz. Nachdem wir zu Abend gegessen haben, verstauen wir unsere bärensicheren Lebensmitteltonnen in etwa 100 Meter Entfernung von unserem Zelt. Nicht dass die Bären unser Essen durch die Hartplastik-Tonnen nicht riechen könnten - nein, vielmehr dienen die Tonnen dazu, dem Bär den Zugriff auf die menschliche Nahrung zu verweigern. Bären sind nämlich sehr schlaue Tiere: Erkennen sie einmal den Zusammenhang zwischen einem Wanderer und der Möglichkeit an Nahrung zu gelangen, dann wird dieser Bär zu einem "Problembär", der dann in der Regel erschossen werden muss. Oberstes Gebot ist es also, den Bären niemals die Möglichkeit zu geben, an menschliche Nahrung zu gelangen - das ist aktiver Tierschutz in Alaska.

In der Nacht können wir nicht schlafen. Nicht weil die Temperaturen wieder unter den Gefrierpunkt gefallen sind - im Gegenteil, wir schwitzen! Wir erleben das Wetterphänomen ‚Chinook', warme Fallwinde. Und was für ein Sturm das ist! Die Zeltwände sitzen uns auf der Nase, während wir um ein bisschen Schlaf ringen.

Am nächsten Morgen stellen wir fest, dass der kleine Wasserlauf, dem wir in dieses Tal gefolgt sind, zu einem Bach angeschwollen ist. ‚Silk Water', graues Wasser schießt nun zwischen den Felsen hindurch. Durch den Chinook ist das Eis des Gletschers weiter oben geschmolzen und trägt nun feine Staubpartikel in seinem Wasser das Tal hinab.

An diesem Tag klettern wir auf die Endmoräne des Gletschers. Von hier erblikken wir mehrere Gletscherseen innerhalb der Moräne. Das haben wir nicht gewusst, dass noch Eis unter dem Geröll der Moräne ist! Wir hören wie das Eis "arbeitet" und manchmal krachen kleinere Eisstücke in den See herab. Die Natur kommt uns hier so gewaltig vor. Uralte Instinkte, die in uns stecken, werden wieder geweckt - und doch fühlen wir uns klein gegenüber soviel purer Wildnis.

Schließlich entscheiden wir uns aus dem Tal hinauf zu steigen, um auf der ‚High Tundra' zu wandern. Hier wachsen Blaubeerbüsche und Moose, die jetzt im September in bunten Farben leuchten. Oben angekommen entdecken wir eine Grizzlymutter mit ihrem Jungen in etwa 1000 Meter Entfernung. Zunächst erstarren wir. Sie scheinen uns aber nicht zu bemerken, und so legen wir unsere schweren Rucksäcke ab, um die beiden mit dem Teleobjektiv zu fotografieren - und um zu beobachten, welche Richtung sie einschlagen, denn wir wollen ihnen nicht in die Quere kommen. Die Bärin und ihr Kleines lassen sich viel Zeit beim Fressen der Blaubeeren. Auch ich bekomme Hunger, und so tue ich es den Bären gleich und "grase" auch ein bisschen nach Blaubeeren. Schließlich legt sich die Mutter auf den Rücken und säugt ihr Junges. Ein tolles Erlebnis!

Als die beiden sich entfernen und schließlich hinter einem Hügel verschwinden, wandern wir weiter. Doch wir sind wachsam und halten Ausschau nach weiteren Bären, denn auch ich weiß jetzt ja wie gut die Blaubeeren hier schmecken!

Gegen Abend sehen wir eine weitere Caribou-Herde, die auf der High-Tundra grast. Eine Weile beobachten wir die Jungs, doch dann wird es Zeit eine geeignete Stelle für unser Zelt zu finden.

Am nächsten Morgen stehen wir früh auf, damit wir genug Zeit haben, bis zum Eilson Visitor Center zu wandern. Von dort steigen wir in einen der Camper-Busse, um zurück zum Parkausgang gebracht zu werden. Es war eine eisige

Nacht und alle Sträucher und Büsche sind dick mit Rauhreif überzogen. Die Sonne steht noch tief - nur Mount McKinley´s Bergspitze wird schon, quasi von unten, von der Sonne angestrahlt. Wunderschön!

Das letzte Stück unserer Wanderung wird dann nochmal richtig anstrengend. Wir kreuzen kleine Flüsse, schlagen uns durch Gestrüpp, dann wieder durch einen Bach und dann geht es nur noch bergauf und durch dichten Bewuchs. Als wir wieder die High Tundra und die Straße erreichen, sind wir erschöpft, aber glücklich, während uns der Bus auf der holprigen Schotterstraße zurück Richtung Park-Eingang bringt. Wieder haben wir Glück und können aus dem Busfenster Bären fotografieren. Zwei Grizzlys grasen nur ein paar Meter von der Straße entfernt. Jetzt im Herbst haben sich die Bären eine dicke Speckschicht angefressen, die sie in ihrem Winterschlaf wärmen wird.

Ein Stück weiter sehen wir dann noch einen prächtigen Elchbullen und auch einige Dall-Schafe, die an einem steilen Berghang kraxeln.

Die 3 Tage im Denali Park haben uns gut gefallen. Wir werden die gewaltigen Landschaften und das Gefühl der Freiheit vermissen.

Nachtrag:

Eine Woche nach unserer Wanderung im Denali Park wurde die Straße gesperrt - an einem Tag sind 40 cm Schnee gefallen!

Foto: Joachim Kießling

Endstation Alaska
oder der etwas andere Weg zur Selbsterfahrung

Angefangen hat diese Geschichte bei der "Jagd& Hund" Messe in Dortmund, an einem Stand für Jagdreisen nach Alaska. Ein kleiner Zettel mit der Aufschrift "Jagdhelfer gesucht!", brachte mich dazu, diese Chance wahrzunehmen, um endlich einen langersehnten Traum in Erfüllung gehen zu lassen.

Dem Zivilisationsalltag mal für einige Zeit zu entgehen - nein, nicht auf der Flucht vor irgendetwas, sondern vielmehr auf der Suche. Vielleicht nach der Sehnsucht, die irgendwo tief im Unterbewusstsein ungeduldig darauf wartet freigelassen zu werden – bevor sie zu sehr verkümmert und man sich dessen nicht mehr bewusst wird, dass sie in ihrer Form, als solche überhaupt existiert. Deren einziger Sinn und Zweck es wahrscheinlich ist, sich auf diese Suche zu begeben. Ohne Garantie auf all die Fragen – zwischen Warum und Weshalb – eine verständliche Antwort zu erhalten.

Nach einem kurzen Gespräch mit dem Outfitter, zwei Postkarten und einem Fax war diese Sache – und spätestens nach dem Buchen der Flüge – endgültig. Die stressige Vorbereitungszeit lies kaum eine Möglichkeit, sich über die Tragweite dessen, was diese Entscheidung mit sich brachte oder noch bringen wird, zu beschäftigen. Alles ging viel zu schnell, so auch der Abschied. Ehe wir (mein Bekannter und ich) uns versahen, saßen wir im Flugzeug mit dem Ziel Anchorage, Alaska.

Nach einem dreistündigen Aufenthalt in Neufundland kamen wir schließlich nach ca. 15 Stunden wohlbehalten in Anchorage an. Das letzte freie Zimmer in einem bed & breakfast gehörte dann auch uns. Am nächsten Tag warteten wir bis abends am Flughafen, bis endlich unser Flieger nach Kotzebue ging. Kotzebue, ein 2000 Seelen Eskimodorf, unmittelbar an der Beringsee im Nordwesten Alaskas, nur wenige Kilometer nördlich des Polarkreises. Auf dem Flughafen von Anchorage, kurz vorm Einchecken, trafen wir Ron, unseren Guide für die nächsten paar Wochen. Uns erschien er auf den ersten Blick wie eine Mischung aus Easy Rider und den einstigen Blumenkindern. Er stamm eigentlich aus Seattle, erzählte er uns, und weil er keine Lust auf eine geregelte Arbeit hatte, habe er hier in Alaska diesen Job als Jagdführer angenommen. Er konnte uns auch nicht viel über unser weiteres Vorhaben erzählen, nur dass wir irgendwo dort draußen in der Wildnis eine Blockhütte bauen sollen. Wir sollten uns überraschen lassen. In Kotzebue angekommen, versuchten wir eine Unterkunft zu finden. Wir hatten Glück und kamen privat bei einer netten Dame unter, die hier als Krankenschwester arbeitet.

Ron versuchte den ganzen nächsten Tag unseren Buschpiloten zu finden und so hatten wir noch Zeit, uns in Kotzebue umzusehen und noch mal zivilisiert essen zu gehen. Einkäufe erledigten wir auch noch schnell, ohne zu wissen wie wichtig diese noch sein würden. Dann irgendwann spät abends war es soweit. Nach einer gewissenhaften Gewichtsüberprüfung und Platzverteilung des Gepäcks durch unseren Piloten, waren wir mit einem kleinen Wasserflugzeug ”ready for takeoff”.

Ein grandioses Bild ergab sich uns. Rechts die blaue See der Beringstrasse und links die unendliche Weite der alaskanischen Tundra. Unser Ziel war die Seward Peninsula. Irgendwann wurde ich aus meinem Staunen für diesen faszinierenden Anblick jedoch herausgerissen, nämlich als der Pilot fragte, wann er uns denn wieder abholen solle. Dietmar antwortete nur darauf, dass sein Rückflug für den 29. August gebucht sei. So entschlossen wir uns kurzerhand unseren back-out-of-bush-flight am 26. August stattfinden zu lassen. Ich dachte nur: ”Mein Gott, das sind knapp 7 Wochen! Hätte ich doch nur noch mal zu Hause was von mir hören lassen!” Doch es gab jetzt kein zurück mehr und wie wir noch feststellen sollten, spielt Zeit in diesem Land sowieso keine große Rolle.

Nach etwa einer Stunde Flug kamen wir an. Unser Pilot brachte uns sicher auf einem See wieder runter. Mitten in Death Valley, ca. 150 Kilometer von der nächsten menschlichen Ansiedlung entfernt. Warum dieses Tal mit seinen Seen und Sümpfen so heißt, begriffen wir schnell. Einige tausend Moskitos, in Form einer dunklen Wolke empfing uns, schlimmer als wir es je erwartet hätten. Wir mussten noch etwa zwei Kilometer durch den Sumpf zu unserem Camp laufen, welches sich in einem kleinen Fichtenwald befand. Auf diesem unwegsamen Gelände bereute ich zum ersten Mal mein 40 Kilo Gepäck, doch die Moskitos trieben uns vorwärts. Schließlich kamen wir keuchend und fluchend nach etwa einer Stunde an. Nach einer kurzen Mahlzeit krochen wir hundemüde in unser moskitosicheres Zelt. Es war mittlerweile schon 03:00 Uhr morgens, doch die nicht dunkelwerdende Nacht ließ jegliches Zeitgefühl abhanden kommen. Irgendwann ein paar Stunden später, ertappte ich mich dabei, wie ich aus meinem Schlaf erwachte und meine Gedanken zu ordnen versuchte. Dieses Nicht-glauben-wollen, dass dies alles wahr geworden sei und gleichzeitig dieser unstillbare, alles in sich aufsaugende Hunger nach allem Neuen. Doch mir war bewusst, dass erst einmal der Kopf frei sein musste, um dies alles geordnet in mich aufnehmen zu können. Um für uns, ja Dietmar ging es genauso, eine einigermaßen plausible Erklärung für all dies zu haben, nannten wir diesen Prozess einfach "geistige Akklimatisierung".

Hier waren wir nun. Dies sollte für die nächsten paar Wochen unser Basiscamp sein: Ein Bretterverschlag mit einer Plastikplane als Dach, ausgestattet mit einem an einer Propangasflasche angeschlossenem Herd. Ein auf 4x3 Metern hohen Baumstümpfen errichtetes Baumhaus, angelegt als Verpflegungsdepot sowie in Plastikplanen eingewickelte Schneemobile und ein sogenannter all-terrain-vehicle mit kleinem Anhänger. Für mich eine Mischung aus Schneemobil mit Rädern und einem fahrbaren Rasenmäher.

Am darauffolgenden Tag warteten wir auf unseren Piloten, der uns noch Proviant liefern wollte. Als er endlich auf dem See landete fuhren Ron und ich mit dem ATV zum See, um die Kisten zu holen. Ich setzte mich dummerweise hinten in den Anhänger. Da dieser weder Stossdämpfer noch irgendwelche Federung besaß, biss ich mir beim Fahren über die vielen Huppel fast jedes Mal die Zunge ab, während Ron fuhr, als müsste er für die Camel Trophy trainieren. Auch jegliches zurufen wurde durch zu lautes Motorengeräusch und Beinahezungenabbisse stets unterbunden. Auf dem Rückweg zog ich es vor, zu Fuss zu gehen, war eh kein Platz mehr auf dem Hänger.

Am nächsten Morgen zogen wir los. Ziel war ein anderes Camp, etwa 25 Kilometer Richtung Nordwesten. Das ATV sollte unsere wichtigsten Sachen an Gepäck, Werkzeug und Proviant transportieren. Meine anfängliche Skepsis und Besorgnis über solch eine Maschine hier in der Wildnis, mit der Überlegung, was sie wohl für einen Schaden in dieser Landschaft hinterlassen könnte, erwiesen sich als unbegründet. Durch meine Zeit als Forstwirt wusste ich, das der Bodendruck pro Quadratzentimeter, durch die Breitreifen nicht grösser sein dürfte, als mein Eigengewicht plus die 40 Kilogramm Gepäck. Ron fuhr unser Gefährt und wir liefen, bewaffnet mit Fotoapparat und Gewehr, hinterher. In diesem Camp sei es etwas spartanischer, wies Ron uns ein. Den Trail dorthin kannte er nur vom Winter her, mit dem Schneemobil sei er hier schon gefahren, aber nicht im Sommer und schon gar nicht mit dem ATV. So kamen wir einige Male nicht umhin, mittels Steinen und umgestürzten Bäumen provisorische Stege über Bäche und tiefe Sumpfstellen zu bauen. Als Ron einmal einen kleinen Anstieg hochfuhr, hatten wir es dem Anhänger zu verdanken, dass das Vehikel nicht nach hinten stürzte, sondern nur mit der Vorderachse in der Luft hing.

Unsere Hoffnung, das Camp an einem Tag zu erreichen, schwanden bei solchen Aktionen. Der Trail war in unregelmäßigen Abständen durch Markierungen mittels Axt an den Bäumen gekennzeichnet. Diese Aufzufinden war nicht immer einfach. So mussten wir einmal wieder umkehren, weil wir feststellten, das wir uns auf einem Bärenpfad bewegten. Die gefundenen Exkremente eines Bären (in der Jägersprache Losung genannt) ließen uns in ihren Ausmaßen erschrekken. Wie groß muss dieser Bär wohl erst gewesen sein, der das hier hinterlassen hat? Wir machten so gut wie keine Pausen, da dann sofort noch mehr Moskitos über uns herfielen. Am Ende dieses anstrengenden Tages suchten wir auf einem Bergsattel einen Übernachtungsplatz.

Weg von den Moskitos aus dem Sumpf, aber bei einem heftigen Sturm, an Schlaf war nicht zu denken. Der Wind riss an unserem Zelt, als wäre jemand nicht ganz einverstanden, das wir es hier aufgeschlagen haben. Der einzige Grund, dass das Zelt nicht fortflog, war wohl der, das wir darin lagen. Am nächsten Morgen war nur noch ein einziger Hering im Boden. Aber das Wetter war wie umgewandelt, es war warm, die Sonne schien und es war absolut windstill. Wir holten noch ein wenig Schlaf nach und machten uns nach einem ausgiebigen Frühstück wieder auf den Weg. Am späten Nachmittag erreichten wir schließlich unser Ziel.

Das Camp befand sich ebenfalls in einem Fichtenwäldchen, umgeben von ein paar hohen Bergen, auf deren Gipfeln noch der Schnee lag. Ron hatte eher übertrieben, als er "etwas spartanischer" sagte. In diesem Camp befand sich nur ein großes Alu-Gestell-Zelt, allerdings mit (immerhin) Gasherd. Ein paar Eisenfässer lagen umgeworfen und zerstreut auf dem Boden. Sicheres Anzeichen dafür, das hier ein Bär nach etwas Essbarem gesucht hat. Sie enthielten teilweise Proviant, soweit er noch genießbar war. Es muss wohl ein dreiviertel Jahr her gewesen sein, dass sich hier jemand aufgehalten hatte, meinte Ron. Wasser zum Kochen und Waschen konnten wir aus einem kleinen Bach unweit des Camps entnehmen. Dieser war jedoch so klein das wir erst einmal einen kleinen Staudamm bauen mussten, um effektiv Wasser abschöpfen zu können. Zum Blockhüttenbau soll lediglich erwähnt werden, dass wir ohne ordentliche Hilfsmittel auskommen mussten. Uns standen zwar drei Motorsägen zur Verfügung, die aber - gelinde ausgedrückt - nicht mehr im allerbesten Zustand waren. Vom notwendigen Zusatzwerkzeug ganz zu schweigen. Unter solchen Umständen daheim als Forstwirt zu arbeiten, hätten mich noch am selben Tag dazu gebracht, krank zu machen oder gleich zu kündigen. Doch wir waren schließlich nicht zu Hause, sondern tausende von Kilometern entfernt von der Heimat. Hierbei wurde es uns wieder richtig bewusst. Mit viel Improvisation und Dietmars Erfahrung in Sachen Blockhausbau in Kanada, meisterten wir auch anfängliche Probleme. Sonntags war unser Ruhetag. Diesen verbrachten wir damit, am Lagerfeuer zu sitzen, Schach oder Mühle zu spielen oder einen kleinen Ausflug zu machen. Hinauf auf den Berg, oberhalb der Baumgrenze, versuchen den Moskitos zu entfliehen und die grandiose Aussicht mit der Mitternachtssonne zu genießen. Wir ließen uns den Wind um die Ohren wehen oder lauschten der unheimlichen Stille, die über dieser Wildnis lag, nur manchmal unterbrochen durch die Rufe von Kolkraben. Eine schier unerträgliche Stille, in der man der Versuchung nahe war, einfach laut los zu schreien, nur damit sie endlich aufhöre. Stundenlanges verharren an einer Stelle, kaum ein Wort redend. Dem Erleben des Mystischen folgend. Ich musste an Tolkiens "Herr der Ringe" denken. Fern ab dieser Zeit? – "Den Blick aufwärts gerichtet zu den leuchtenden Gestirnen des Firmamentes, die unendliche Verlorenheit des Alls ahnungsvoll in die Seele gesenkt ..."

Wir bekamen weder Elch, Karibu noch Grizzly zu Gesicht, die werden wohl alle vor den Moskitos auf die noch höheren Berge geflüchtet sein, dachten wir – nur wir müssen uns hier stechen lassen. Nichtsdestotrotz nahm ich mein Gewehr für die Verrichtung von Geschäften immer mit. An den Gedanken, dass gerade der Wind (oder ich) dumm stehen könnte und ein ahnungsloser Grizzly hinter dem nächsten Busch hervorschauen könnte ... Dies sich bildlich vorzustellen, hätte ja an sich etwas Komisches, aber mit Sicherheit nur für den Betrachter dieser Szenerie. Weniger komisch waren die Moskitos, die es dabei nicht nur beim Zuschauen beliessen. Ohne unser Moskitonetz über dem Kopf wären wir wohl wahnsinnig geworden. Ich klebte mir die Ärmelöffnungen mit Klebeband zu, trug fast immer Handschuhe. Öfter gelangten ein paar von ihnen unter das Netz – crazy! Manchmal kamen sie in solchen Wellen, das wir nichts anderes tun konnten als dasitzen, uns nicht bewegen und langsam in Apathie versinken. In den ersten drei Wochen war an richtiges Waschen nicht zu denken, sie hätten uns gekillt. Jetzt glaubte ich es, dass sie fähig sind den Karibus soviel Blut abzuzapfen, das manche daran zugrunde gehen. Erst als es Anfang August jeden Abend merklich kühler wurde, sprich die "bugs" weniger (bis auf einen harten, durstigen Kern), konnten wir es wagen zum Waschen mal längere Zeit nackt in der Gegend herumzustehen.

Irgendwann haben wir es auch aufgegeben, sie aus dem Essen zu fischen. Jeden Abend das gleiche Bild: Zelt auf – und das Wettrennen begann, das wir aber nie gewinnen konnten, denn Dutzende schafften es jedes Mal ins Zelt zu gelangen. Es artete dann immer zu einer wahren Schlacht aus. Die Zeltplane war blutverschmiert von denen die wir erlegt haben, nachdem sie uns abgezapft haben. Wir sehnten uns den Wind herbei und den ersten Nachtfrost im August, auf das sie alle vom Himmel fallen!

Unsere Verpflegung ging nach einer Woche zur Neige. So machte sich Ron mit unserem ATV auf den Weg zum Basiscamp. Er wollte am selben Tag mit dem Rest unserer Ausrüstung und Proviant wiederkommen. Er kam auch wieder, aber irgendwann spät in der Nacht und ohne unser Gefährt. Auf dem Rückweg, kurz nach verlassen des Basiscamps hatte er es auf den Kopf gestellt. Er selber war unverletzt geblieben. Wir brachen am nächsten Morgen auf, in der Hoffnung, das sich nicht ein Bär oder sonstiges Getier an unserem Proviant zu schaffen gemacht hatte. Mit äußerst pessimistischen Vorstellungen über das Bild vom Unfallort marschierten wir einen ganzen Tag lang. Unsere Stimmung war irgendwie auf dem Nullpunkt angekommen. Dietmar lästerte ständig über unseren Rallyefahrer. Doch, welch ein Wunder! Es war noch alles unberührt, sogar die Eier waren heil geblieben. Der Pfannenkuchen mit Eiern war uns erst mal wieder sicher. Kurz nach dem Unglück hatte Ron, in seinem panikartigen Schock, das Gefährt irgendwie wieder auf die Räder gestellt. Er wusste selber nicht mehr, wie er das geschafft hatte. Da es aber völlig abgesoffen war, hatte er keine Chance es wieder in Gang zu bekommen. Die Moskitos quälten ihn an diesem Ort außerdem so sehr, dass er es vorgezogen hatte, eiligst das Weite zu suchen. Er war der einzigste, der keinen Moskitoschutz für den Kopf besaß. Wir bekamen unser Gefährt zum Glück ohne größere Probleme wieder in die Gänge.

Die nächsten Tage vergingen wie im Flug. Mit dem Bau unserer cabin kamen wir einigermaßen gut voran. Einmal schoss Dietmar mit der Schrotflinte ein Schneehuhn, das wir in den Büschen aufgescheucht hatten. Es war zwar nicht viel dran, aber es war eine wohltuende Abwechslung in unserem sonst eher eintönigen Speiseplan. Manchmal regnete es ununterbrochen tagelang, was unsere Nerven auf eine gewisse Probe stellte, denn wir konnten in dem Fall nichts anderes tun, als lesen, Mühle spielen (seitdem ich im Schach immer gewann, wollte keiner mehr mit mir spielen) und unendlich viel Kaffee und Tee trinken.

Eines morgens stellten wir fest, dass wir in einer Wasserlache lagen. Das Wasser drang durch den Zeltboden in unser Zelt und an den Nähten tropfte es auch schon fleißig. So nahmen wir das Zelt und stellten es in unser großes Küchenzelt, in dem es noch einigermaßen trocken war. Entgegen allen Empfehlungen im

Umgang mit hungernden Grizzlies, befand sich von nun an unsere Küche unmittelbar vor unserer Nase. Doch wir waren sicher, dass unser Körpergeruch stärker war, als alles was es bei uns zu Essen gab. Da wir kaum eine andere Möglichkeit hatten, trugen wir es mit einem gewissen Grad an Galgenhumor. Dietmar setzte seinen Walkman-Kopfhörer auf und meinte nur, dass wir ihn wecken sollen, wenn der Grizzly da ist. Tage später, als unsere cabin hoch genug war, zogen wir mitsamt Zelt dort ein und nahmen eine Plastikplane als regensicheren Dachersatz.

Nach über zweieinhalb Wochen an diesem Ort, war es mal wieder an der Zeit aus unserem Basiscamp Proviant zu holen, sowie eine andere Motorsäge, weil sich mittlerweile schon die 2. Säge verabschiedet hatte. Zu allem Unglück stellten wir fest das unser 4-wheel-driver fast kein Motoröl mehr hatte. Wir zogen es vor, ihn erst wieder bei der Rückkehr zu bewegen, hatte er uns doch beim Baumstammrücken so gute Dienste geleistet. Wir befestigten die großen Stämme auf dem hintersten Ende des Sitzes und einer stellte sich vorne auf die Vorderachse und hielt sich dabei am Lenker fest. Das Körpergewicht hielt das Gefährt davon ab, vorne hochzusteigen, was jedoch nicht immer klappte. So zogen wir also zu Fuß los, doch nicht über den Trail durch die Sümpfe und Wälder, sondern auf den Bergkämmen entlang. Dort kamen wir viel besser voran, keine Moskitos und die Aussicht war einfach fantastisch!

Und so bekamen wir auch unseren ersten Grizzly zu Gesicht. Er trottete parallel mit uns am gegenüberliegenden Berghang auf einen Bergsattel zu. Der Wind stand günstig. Wir ließen unser Gepäck an Ort und Stelle und schlichen uns näher heran, um gute Fotos machen zu können. Doch, noch ca. 150 Meter entfernt, bekam er plötzlich Wind von uns und verschwand im leichten Galopp in einer kleinen Mulde. Nur seinen Kopf sahen wir ab und an, wenn er mit seiner Nase Witterung zu uns aufnahm. Wir kehrten vorsichtig um. Was nützten uns gute Fotos, wenn niemand mehr in der Lage gewesen wäre, diese noch entwickeln zu lassen? Wir fühlten uns zwar mit unseren Gewehren ziemlich sicher, doch Ron erzählte uns, er habe schon welche dreihundert Meter weit rennen sehen und das nachdem sie dreimal beschossen wurden und eine Kugel sogar ins Herz getroffen hatte. Als ich diesen Koloss sah, wurde mir bewusst, dass uns nachts nur eine dünne Plastikplane vor so einem, mehrere Zentner wiegenden Ungetüm trennte. Ich dachte immer daran, wenn nachts der Wind (?) an unserem Zelt rüttelte.

Im Basiscamp hielten wir uns nicht lange auf, die Moskitos zwangen uns zur Rückkehr. Als Zeichen dafür, dass der Sommer bald zu Ende ist, holte uns die immer früher einsetzende Dunkelheit auf unserem Rückmarsch bald ein. Wir schauten schon lange nicht mehr auf die Uhren, ich glaube ich habe sie auch irgendwann ausgezogen. Zeit spielt einfach keine Rolle hier. Beim fließenden Übergang zwischen Tag und Nacht sahen wir einen Sonnenuntergang wie ich ihn noch nie erlebt habe. Die ganze Landschaft war eingetaucht in dieses zarte und doch eindringliche Rot. Die Wolken spiegelten sich als rosaviolette Marionetten wider, mit denen der Wind sein Spiel trieb. Die gesamte Luft um uns herum, bis weit über den Horizont, schien geradezu diese Farbenpracht absorbiert zu haben, um sie mit in die Nacht zu nehmen. Der Himmel schien zu brennen!

Nach erfolgreicher aber strapaziöser Rückkehr, irgendwann spät in der Nacht, ging es am nächsten Tag mit dem Bau unserer cabin zügig weiter. Das Arbeiten jedoch wurde immer anstrengender und schwieriger. Da wir keinen Kahlschlag um unsere cabin – und nirgendwo anders – fabrizieren wollten, trugen wir jeden einzelnen Stamm auf unseren Schultern von immer weiter her.

Eines abends zog ich es vor, etwas früher schlafen zu gehen. Doch keine fünf Minuten später klopfte es an das Zelt. Es war Ron. Er flüsterte nur aufgeregt: "Wolves, wolves!!" Schnell kroch ich aus dem Zelt und tatsächlich, keine 50 Meter entfernt, konnten wir sie durch das Weidengehölz beobachten. Sie hatten wohl erst gezögert, an uns vorbeizuziehen, was sich in einem kurzen aber aufgeregten Jaulen und Bellen äußerte. Doch dieser Pfad, den sie zogen, war ihnen wohl schon seit Generation vertraut. Ohne darüber nachzudenken, versuchten wir ihnen zu folgen. Immer wieder tauchten sie lautlos und schattengleich vor uns auf, schwer auszumachen in dieser halbdunklen Nacht. Auf einem baumlosen Hügel angelangt, konnten wir das ganze Tal überblicken, doch von den Wölfen fehlte jede Spur. So imitierten wir das Wolfsgeheul und plötzlich, wie auf Kommando, bekamen wir vom gesamten Rudel Antwort. Sie waren schon sehr weit weg. Geheul und Echo zogen sich jedoch über das gesamte weite, dunkle Tal. Ein Schauer lief uns über den Rücken, doch wir genossen diesen Augenblick. Dies so zu erleben wird wahrscheinlich nur wenigen Menschen vergönnt sein.

Am nächsten Tag holte uns der Alltag alsbald wieder ein, unsere letzte Säge gab nun endlich auch ihren Geist auf. Wir konnten hier nicht mehr viel tun und so packten wir unsere Sachen und marschierten, bzw. fuhren am nächsten Morgen Richtung Basiscamp. Ron will Ende September wiederkommen und den Rest vom Dach fertig stellen, schließlich muss die cabin bis Oktober einzugsbereit sein, wenn die Touristenjäger kommen. Zu dieser Jahreszeit ist es hier verdammt kalt!

Abermals entschieden wir uns für den Weg über die Bergkämme, unser Trail lag nach den heftigen Regenfällen der letzten Tage noch mehr unter Wasser, als zu Anfang. Der erste Berg war jedoch so steil, dass unser ATV Schwierigkeiten hatte, vorwärts zu kommen. Immer wieder suchten wir geeignete Stellen für unser Gefährt, denn oft genug fuhr es sich in dem Geröllboden fest oder drohte damit rückwärts umzukippen. Zudem herrschte ein Sturm, der es unmöglich machte auch nur annähernd geradeaus zu laufen – und diese Eiseskälte! Uns beschäftigte in diesem Augenblick nur ein Gedanke: 'Lass uns um Himmels willen mit unserem Gefährt auf diesen Berghang kommen!" Dies waren Momente, in denen man sich ganz schön klein und ausgesetzt vorkam, hier in dieser Wildnis. Schließlich schafften wir es irgendwann, der weitere Weg verlief problemlos. Ron rauschte mit dem Vehikel davon und wir ließen uns ein wenig mehr Zeit. Im alten Camp verbrachten wir die meiste Zeit mit Faulenzen bzw. jeder hing mal so seinen Gedanken nach. Wir versuchten uns in Brotbacken (wunderbar!). Es war für die lange Zeit zwischen breakfast und dinner eine willkommene Zwischenmahlzeit. Wenn das Wetter es zuließ, erkundeten wir bei einer Tagestour die umliegende Gegend, auch mal im Alleingang. Wir schlugen uns den Bauch mit saftigen Beeren voll und genossen diese zeitlosen Tage, in denen nur die Sonne den Tag machte. Wir hatten uns in jeder Hinsicht akklimatisiert.

Eines Tages fanden wir nicht weit von unserem Camp entfernt, eine alte, halbzerfallene Blockhütte und Fundamente von mindestens zwei weiteren Hütten. Es war schwer einzuschätzen, wie alt diese waren, hier oben nahe am Polarkreis vergeht alles ziemlich langsam, wenn die dunklen, langen, kalten Winter mit ihrem Eis und Schnee alles unter sich begraben und konservieren. Eine um 1900, also zur Zeit des großen Goldrausches erbaute Blockhütte, hatten wir bereits besucht. Diese ist sogar in der großen Alaskakarte eingezeichnet. Damals, als in Fairbanks der große Goldrausch ausbrach, zogen viele Goldsucher vom überfüllten Nome nach Fairbanks und an den Yukon, um dort ihr Glück zu versuchen. So werden diese Hütten wohl als Zwischen- bzw. Verpflegungsstation gedient haben. Es muss auch eine Telegraphenleitung nach nirgendwo existiert haben, wir fanden überall noch Reste davon. Was würden diese Überbleibsel aus jener Zeit wohl alles erzählen wenn sie nur könnten? Jack London ließ grüßen!

Bei einem anderen Ausflug fanden wir ein altes Buschflugzeug, das hier irgendwann mal abgestürzt ist. Die Nase des Flugzeuges war im Boden verschwunden. Es lag da wie ein Symbol, wie ein Zeichen dafür, dass diese Wildnis, so wie sie hier noch vorhanden ist, sich mit Erfolg gegen jedes Eindringen wehren würde.

Einmal bin ich mit Dietmar an den See gelaufen. Wir wollten die Biber beobachten, als er mich auf einmal fragte, ob ich dieses Heulen nicht auch hören würde? Der Wind blies ziemlich stark und ich führte es erst darauf zurück, denn ich konnte mir nicht vorstellen, was wir dann sahen: Einen Wolf! Er stand am gegenüberliegenden Ufer in einer Ausbuchtung des Sees. Wir setzten uns hin und beobachteten ihn – und er beobachtete uns. Ich weiß nicht mehr, wie lange wir so dasaßen, irgendwann verschwand er in den Sümpfen, nur sein Heulen begleitete uns noch für eine Weile. Wir hörten diesen einsamen Wolf von nun an nahezu jeden Abend, wenn er mit seinem Heulen auf der Suche nach seinesgleichen war.

Die letzten Tage, immerhin noch fast zwei Wochen, verliefen ohne weitere Ereignisse. Das einzige Mal, in dem wir unsere Gewehre gebrauchen mussten, war, um unseren Essensvorrat zu retten – und zwar gegen die Eichhörnchen! Ihre Nagezähne machten selbst vor hartem Plastik nicht halt. Nachdem wir zwei von ihnen geschossen hatten, hielten sich die anderen nur noch in respektvoller Entfernung auf. Wir mussten leider auf diese Art und Weise ein "Abkommen" mit ihnen schließen. Seitdem es den "bugs" nachts zu kalt wurde, nächtigten wir in der Bretterbude, sprich Küche. Uns standen hier sogar Feldbetten zur Verfügung (oh, welch ein Luxus!). Die dreieinhalb Wochen, in denen wir eingeengt im Zelt schlafen mussten, waren zum Glück vorbei. Es war ja fast nicht möglich, sich auf die Seite zu drehen, außerdem staute sich die Luft an manchen Tagen ganz schön im Zelt. In der ganzen Zeit unseres Aufenthaltes konnten wir Ron nur zweimal davon überzeugen, etwas mehr Wasser an sich zu lassen, als es zum Zähneputzen notwendig ist. Aufgrund des Platzmangels musste Dietmar in dem cache die Nächte verbringen. Er hatte nichts dagegen (wir hatten darum gelost ...), war es doch mit Sicherheit bärensicherer und es gab dort oben auch weniger Mäuse.

Ja, auch die Mäuse machten uns auf ihre Art zu schaffen. Denn wen würde es nicht stören, wenn sie nachts über den Schlafsack krabbeln und einem, eine handbreit vorm Gesicht, ganz frech angucken unter dem Motto: Was bist denn du für einer? Wir fanden noch ein paar Fallen, die wir rings um unsere Hütte aufstellten. Doch es gab mehr Mäuse als Fallen und eines morgens waren die Fallen einfach nicht mehr da. Der Fuchs (?) wird sich gefreut haben, sie auf einem Teller serviert bekommen zu haben. Eines Tages kam Ron von einem Ausflug zurück, bei dem er angeblich beinahe von einer Moschusochsenmammi umgerannt worden sei. Ich kehrte mit ihm an die besagte Stelle zurück, doch leider vergebens. So ein Marsch auf diesem sumpfigen Untergrund war jedes Mal ziemlich anstrengend. Man geht auf diesem wie auf einer weichen Gummimatte.

Die letzten Tage waren für uns nicht immer einfach, denn ab und an gingen wir uns gegenseitig doch ein wenig auf den Geist. Zwei- oder dreimal hörten und sahen wir einen Buschflieger. Ron versuchte dann mit unserem einzigen Funkgerät diesen anzufunken. Vielleicht war es ja unser Pilot, mit dem wir zwecks eines früheren Rückflugtermins hätten Kontakt aufnehmen können. Doch jedes Mal Fehlanzeige, keine Antwort. Unser Proviant ging nämlich diesmal endgültig zur Neige. Nur noch eine halbe Portion pro Tag, bestehend aus beans und potatoe mix. Doch dieses Funkgerät war zum Funken genauso geeignet, wie nasses Holz zum Feuermachen. Die Batterien waren nämlich leer, wie sich erst später herausstellen sollte. Am vorletzten Tag schaute ich mir das Funkgerät genau an: Das Batteriezeichen zeigte an, dass es völlig leer war, aber bestimmt nicht erst seit diesem Tag – whatever. Dietmar war der einzige, der noch genügend Tabak besaß, ich hatte noch etwas Schokolade und so war das Tauschgeschäft beinah perfekt. Jetzt musste nur noch gefeilscht werden. Wir teilten mit Ron schon seit Wochen unseren Tabak, weil er von Anfang an nichts besaß. Für die letzten Tage einigten wir uns dahingehend, dass er unsere Zigarettenstummel bekommt. Er sammelte diese sorgfältig in einer kleine Plastiktüte, bis er jeweils genügend Tabak für seine Pfeife hatte.

Wiederholt vergewisserten wir uns im Kalender und unseren Aufzeichnungen, um den Abflugtermin nicht zu verpassen. Unsere einzige einseitige Verbindung zur Außenwelt war mein Weltempfänger. Wir hatten nur bei gutem Wetter einen verständlichen Empfang. Die Deutsche Welle empfingen wir nur jeden Abend um acht Uhr. Doch all die Nachrichten die wir hörten, was wieder in der Welt passierte, waren für uns so unendlich weit weg, als dass wir uns ernsthaft Gedanken darüber machten. Nur der deutsche Wetterbericht, ließ so etwas wie leicht melancholisches Heimweh aufkommen.

Wir fühlten uns manchmal wie Schiffbrüchige auf einer Insel, die auf ihre Rettung warten. Doch diese grandiose Landschaft, eingetaucht in den Indian Summer, mit Sonnenuntergängen von denen wir zu Hause nur träumen können, bis hin zu den alltäglichen, weit in die Nacht reichenden Lagerfeuerabenden, entschädigte uns für so manches. Für all die Entbehrungen und Strapazen, die wir durchlebt haben. Doch waren es nicht auch diese, die das Ganze ausmachten? Alles in allem nur nachvollziehbar durch eigenes Erleben. Ein Durchleben sämtlicher Gefühle, intensiver denn je, diese Geborgenheit in Freiheit, die Einsamkeit, das Extreme, das Unberechenbare, die Achtung vor dieser Wildnis, in der ein kleines Menschenleben nicht viel zählt. Allgemeine Sorgen zu Nichtigkeiten erklären, eine neue Werterangordnung schaffen, Einsfühlen mit der Natur, um zu wissen was es heißt, lebendig zu sein.

Mittlerweile ist es Montag, der 25. August. Morgen geht es zurück! In dieser Nacht habe ich zum ersten Mal das Polarlicht gesehen – wie grünlich schimmernde Meereswogen bewegte es sich am nächtlichen Sternenhimmel – zum Abschied wohl ein gutes Omen, dachte ich. Früh morgens werden wir an den See laufen und warten, irgendwann im Laufe des Tages wird unser Buschflieger kommen (hoffentlich ist das Wetter gut!). In Anchorage werden wir wohl erst mal ein Bier trinken gehen. Dietmar wird wieder nach Hause fliegen und ich werde mit Ron für die nächsten vier Wochen Richtung Norden in die Brooks Range fahren – um ein Abenteuer etwas anderer Art zu bestehen.

An jenem Morgen begannen wir sehr früh, unsere Sachen zu packen. Unser Camp hatten wir schon am Abend aufgeräumt und winterfest gemacht und so haben wir uns die alte Blockhütte als Übernachtungsplatz ausgesucht. Den Abend zuvor haben wir ein Wettschießen veranstaltet, weiß auch nicht mehr, wer auf diese Idee kam. Wir suchten uns eine alte Sitkafichte in etwa 60 m Entfernung, bastelten uns eine Zielscheibe aus Pappe und schossen sitzend von unserem Klappstuhl, aufgelegt auf dem Tisch, auf diese Scheibe, natürlich mit Zielfernrohr. Der Gewinner, so war es ausgemacht, bekommt in Anchorage ein Bier ausgegeben (Alkohol ist in Kotzebue offiziell verboten). Wir waren alle nicht schlecht, den Baum hinter der Scheibe trafen wir fast jedes mal, was wir daran merkten, dass er auf einmal umstürzte. Er war durch die Einschüsse sauber durchtrennt worden. Wir hatten aber unseren Sieger ermittelt, es war Dietmar, der sich hämisch freute. 20 Schuss Munition hatte ich jetzt noch übrig. Diese wollte ich auch unbedingt als Reserve behalten. Nach alter Blochhausbautradition verbrannten wir am letzten Tag unsere Hosen, die wir vom ersten bis zum letzten Tag des Blockhausbauens getragen hatten.

Wir freuten uns an diesem Morgen unheimlich auf unseren Rest an Peanutbutter, den wir uns extra aufgehoben hatten. Doch schaue da, das Glas war leer gekratzt. Dietmar und ich schauten uns an, es konnte nur einer gewesen sein. Wir wollten jetzt keinen Streit mehr, es wurde Zeit, dass wir hier herauskommen. Wir gingen die zwei Kilometer zum See, das Wetter konnte besser nicht sein, kein einziges Wölkchen zeigte sich. Wir hatten nur wenig zu trinken dabei und überhaupt nichts mehr zu essen. Wir rollten am Ufer des Sees unsere Schlafsäcke aus und warteten - und warteten. Es war mittlerweile Mittag und von dem Buschflieger keine Spur. Voller Hoffnung tranken wir unser letztes Wasser. Ein langsames Hungergefühl überkam uns, aber wir versuchten es zu ignorieren. Ich fand in meinem Rucksack noch Brausepulver in kleinen Tüten verpackt und scheute mich nicht, dieses alleine mit angefeuchteten Fingern pur zu essen.

Nach insgesamt 10 Stunden(!) langem Warten hörten wir den Flieger endlich. Als wir ihn sahen, überkam uns ein Glücksgefühl sondergleichen. Der Pilot landete die Maschine auf dem See und kam sanft am Ufer zum stehen. Er öffnete die Tür und meinte trocken ohne eine Miene zu verziehen: "Hey guys, I see you are still alive". Es war trotzdem wunderbar wieder mal eine fremde Stimme zu hören.

Als wir alle festgezurrt waren, zog der Pilot die Maschine in einer engen Kurve nach oben. Es war eigenartig, alles von oben zu betrachten. Es kam mir vor, als hätte ich vergessen "Auf Wiedersehen" zu sagen, nur wem?

aktuelle Veröffentlichungen des traveldiary.de Reiseliteratur-Verlages

24 Tage am Beginn der Panamericana
Eine Reise durch Alaska und Kanada
ISBN: 3-9807655-0-4
Autor: Jens Freyler

Carretera Austral und andere Pisten
Mit dem Camper durch Südamerika
ISBN: 3-9807655-3-9
Autor: Eike Uhlich

Lateinamerika für eine Handvoll Dollar
Ein Traumtänzer auf Reisen
ISBN: 3-9807655-7-1
Autor: Meiko Haselhorst

Südfrankreich mit dem Wohnmobil
10 Jahre Erfahrung in einem Buch
ISBN: 3-9807655-1-2
Autorin: Brunhilde Witthaut

TUI ... Sie haben es nicht besser verdient
Ein Reiseleitertagebuch
ISBN: 3-9807655-4-7
Autor: Hans Peter Schneider-Döll

USA-Z – Info-Guide für Individual- und Rundreisende
Wissenswertes für Einsteiger und Wiederholungstäter
ISBN: 3-9807655-2-0
Autor: Jens Freyler

Wüstensonne und Nordlichter
3 Jahre Abenteuer zwischen Alaska und Mexiko
ISBN: 3-9807655-5-5
Autor: Wolf Haertel

traveldiary.de – let me show you the world in my eyes!